U0919158

與心對話

向活佛学放心

嘎玛仁波切 著

图书在版编目（CIP）数据

与心对话 / 嘎玛仁波切著.—南京：江苏文艺出版社，2010.2

ISBN 978-7-5399-3597-3

Ⅰ.①与… Ⅱ.①嘎… Ⅲ.①人生哲学—通俗读物 Ⅳ.①B821-49

中国版本图书馆CIP数据核字（2010）第018393号

与心对话

著　　者：嘎玛仁波切
责任编辑：刘　霁
选题策划：博集天卷
特约策划：吴红梅
特约编辑：刘　丹　程军川
封面设计：周　红
版式设计：风　筝
出版发行：凤凰出版传媒集团
　　　　　江苏文艺出版社　http://www.jswenyi.com
集团网址：凤凰出版传媒网　http://www.ppm.cn
印　　刷：北京天竺颖华印刷厂
经　　销：新华书店
开　　本：787×1092　1/16
字　　数：150千字
印　　张：16.5
版　　次：2010年2月第1版，2010年6月第5次印刷
书　　号：ISBN 978-7-5399-3597-3
定　　价：32.00元

目 录

第七章 心会生病 /101

把让心生病的“毒”变成治疗心病的“药”。

第八章 禅定 /123

好的思维和不好的思维，一切在呼吸的时候都平等地放下了。

第九章 智慧升起，走出逆境 /145

有办法改变，不用烦恼，因为有办法；
没办法改变，也不用烦恼，因为没办法。

前 言

现代社会发展迅猛，许多人急功近利，有人希望所有事情都能速成,有人希望少付出而多收获；这就导致这样的局面：在交往中大家对彼此的要求变得特别高，而很少有人能认真理解彼此的想法。渐渐地，人与人之间相互沟通得越来越少，相互关心得也越来越少，以前所具有的亲情、友情、关怀也越来越淡薄。与此同时,我们对生活的渴望也超出了自己真正所需，要寻求的东西太多了。

发达的媒体和周边人际关系都在暗示，我们的需求就是“你需要什么”；因此我们的需求和情绪，随着不断变化的资讯在转。在这个时候，我们非常需要能反观内心，从心灵深处去寻找自己的真正需要。而这方面的研究和实践，佛教是最完整的，也是流传最广的。

因为佛教已经有两千多年的传承历史，它的一些术语对现代人来说已经很生疏，所以我用白话的形式把佛学名词作了一些解释,希望这些解释能够给现代很少能静下来观察自己“我现在需要什么”、“我到底是谁”的人一些简单的答案和启发吧……

有了生命体，就有了生命河，
我们一直是在生命河里游走……

第一章
走在生命河中

因果无处不在

“因果”这个词很简单，就是种子跟果实的关系、原因与结果的关系，而且因果是不定时地在回转。

很多人说，我不信因果。为什么不信呢？因为没有昨天的你，就不会有今天的你，这就是因果。我们一生中每天都在做这样的重复，而很多人却认为这种重复不存在。

为什么不相信自己会重复呢？仔细想想，昨天的你、今天的你和明天的你，每到一个时间点都会重复很多事情，即便是在一天当中，我们也在重复做着很多事情。比如我们的某些念头会反复出现，有些事情甚至会在我们的一生中重复无数次。这样的重复也叫轮回，也就是说，现在的这一秒钟对下一秒钟会产生效果。因为有轮回，所以，我们必须负责任，做好自己眼前每一秒的事情，因为，没有前一秒的付出就不会有后一秒的收成。

究竟什么叫因果呢？其实就是说，种子会对果实产生作用。我们讲因果报应，实际上是对自己所做的事，比如肢体动作、言语、内心的所思所想，必须要负责任。从这里我们可以延伸很多，比如，我们对十个人笑，十个里有三个人会对我们笑，我们就是大赚，因为我们付出了一，收获了三。我们对他们付出爱心和慈悲心，他们反过来又愿意把爱心献给我们，这对我们来说就是很多倍的收入。我经常在讲，这样的投资回报率是最高的。更何况，我们一个人面对的不只是十个人，而是千千万万的人。

为自己的因果负责

一个人能够帮助别人，想对社会有意义，能做的事情是很有限的。当我们诚心诚意地做了一些善事以后，人们就会说我们是好人，是个慈善家，对社会贡献很大。人们会赞美我们的付出，这个时候我们的心灵也会得到快乐。这种快乐是来自外在的赞美，这种外在的赞美使我们体现出了自己的个人威望和他人对我们的尊重。这是一种正面的因果关系。

人类与自然的关系亦是如此。如果我们学会与自然和谐相处，做到不伤害自然，大自然回馈给我们的就会很多。对此，我们藏族人最清楚。几千年来藏族人尊敬天地，尊敬高山与河川；江河给我们的是取之不尽的财富。所以人类只要做到不去伤害自然，自然就会给予我们无尽的享受，我们也就得到了健康，得到了太平。不伤害就是一种付出。人与人相处，很多时候我们并不是真的要为别人付出什么，如果我们不去伤害他，他回馈给我们的就是报答。

负面的情绪也是一样。我们如果伤害一个人，对他发脾气，这个人告诉别人你是个脾气很坏的人，那么其他人再看到你时就觉得你这个人是不容易接触的，当你有什么事需要他们帮助时，他们也不愿帮助你。一个脾气坏的人，一个性格古怪的人，一个经常伤害别人的人，他得到的回报往往就是：当他有困难、有痛苦、有烦恼，需要帮助时，没人愿意帮助他。

藏语中有句俗语叫“对露笑脸的人是不会动刀的”。善良人的爱是正面的力量，会显出它非常强大的一面。

简单来讲，相信因果就是要为自己所做的事负责。我们到处砍伐森林，仅仅为了拥有短暂的物质增长，却对森林造成了伤害。刚开始的时候没有感觉，慢慢地沙尘暴来了，气候也变化了，大气层遭到破坏，危害波及整个人类。其中一个显著的负面影响就是，现代人的疾病种类越来越多了。而动物也将受到同样严重的伤害。

刚开始我们可能没有感觉，当我们有感觉的时候往往就已经晚了。所以，懂得因果就是懂得要为自己所做的事负责任。

人生会重复，也会循环

生命会延续，会转换循环，会有生死转换，这种现象在佛教里叫“轮回”。轮回其实就是不停重复同一种过程的状态。轮回不单单指生死的轮回，平常生活中轮回也无处不在。

我们每个人的生命，从诞生起，一直是在往前的，直到生命终结。昨天曾经在这个世界上活过，明天一定会到来。从昨天到今天，从今天到明天，从过去的那一秒钟到现在的这一秒钟，再到将会到来的下一秒钟，生命一次次重复着这个过程，这个过程就是轮回。

我们从母胎中那种小小的四肢都不齐全的胎儿，到刚生下来的婴儿，到长成健壮的大人，再到渐渐衰老，就像蝉蜕皮脱壳一样，蜕着我们不同时代的外皮。而我们在这个过程当中是没有感觉的。不知不觉，人就这样蜕变，一辈子接着一辈子。

佛教认为，人的生命是有轮回的，也是像蝉脱壳一样，外壳脱掉，然后另外一个生命再延续。很多人不确定自己灵魂的真实存在：当一个人在这个世界上生存的最后那个壳脱去后，需要下一个壳的时候，到底有没有一个实体？当然没有。但它有没有自己的虚壳？有。比如我们入梦以后，梦境里还可以拥有一个世界，我们可以有一个像光体那样的身体，甚至有的时候做梦被别人打也会痛，梦中也有喜怒哀乐。

我有过一些这样的经验。我四岁时有过一次短暂的死亡。那年父母把我抱到亲戚家，然后他们出门了；当他们回来时，发现我的身体已经开始僵了。他们对着我大喊大叫大哭的时候，实际上我是坐在对面看着他们，也听得见他们的声音，我就觉得很奇怪——干吗对着我哭？后来就感觉很疲倦，再往后我进入昏迷状态。等醒来，我发现自己是躺着的，根本不是刚才站着的我。

学禅定的人常会有这样一种体会：自己在屋子里面打坐，突然整个身体飘到了空中，往下看可以看到自己的全身。

我遇到过一个病人，是个美国华侨。他曾在一个百货公司门口被车撞了，当车撞过来时他往旁边一跳。车撞上了人，然后是血淋淋的场景，有人叫救护车，救护车来了，把这个人送去，跳出来的他也跟着救护车一起去医院。当他再次醒来，发现躺在床上的不是别人，正是他自己。这个过程进行了大概两小时，这期间他的心脏停止了跳动。

现在很多经验证明了，人的灵魂实际上是存在的，是像梦幻一样的存在。对于我们，这些并不是很重要。为什么不重要呢？很多人会想：有轮回吗？有前世吗？如果有前世，我为什么不知道？人的记忆力真的有那么好吗？我们从小到现在经历了那么多事情，每天经历了那么多想法、行为、言语，最后记得的有几句呢？

每个人在刚过去的一分钟里思维想了什么，其实大部分都是不记得的。既然刚过去的时间内的行为、言语与思维都不记得了，要记前世就更不容易了。但是，我们记不住，并不代表它就不存在。

很多人都有这样的经验：到某一个地方，他明知道之前没来过，却感觉自己对这个地方熟悉得不得了，好像来过一样，也见过这里的人，具体在哪儿见过却想不起来。从佛教的轮回观来讲，这些是前世的缘分。

成功最妙的途径

谈到“轮回”，必须承认刚才的那一秒钟对现在会产生影响，现在的这一秒钟对下一秒钟也会产生影响，由此导致不同的循环。

很多时候我们想要的是快乐，但由于我们对自己的行为不负责，当下的行为成了痛苦的来源，对别人也造成了伤害，这样，快乐又能从哪里来呢？所以，我们要把现在的所作所为变成以后快乐的种子，这就是轮回。轮回的这种循环，是促使我们每个人在撒播种子的每一个当下就要思考到将来应该怎么去呵护种子的成长。

我们的生活就是如此，不停重复着相同烦恼，除非有巨大的痛苦或极度的快乐偶尔会改变一下秩序，来感受生命更深一层的体认，其他大部分时间都是迷迷糊糊过日子。这些都是轮回的表现。

我们的每一天,早上醒来刷牙洗脸,穿衣服上班,一日三餐,晚上再睡觉——从小到老，每天的行为大体如此。习惯，经过十天、二十天乃至更长时间，慢慢养成，以后慢慢变成一种自然，融入生活。在这种轮回重复中，有些人在文化方面投入比较多一些，所以他的文化层面越来越突出了。一个专家，一个人对某一领域的精通，实际上是他对这些事物进行了比别人更多次的重复，变得熟练，变成习惯，成了这方面的能人。在这种重复中，我们进入了一个更高的文明，也越来越进步。也就是，将前人在重复中所悟到的精华拿来用在自己身上，继续发展，这就是进步。

我小时候常听老人们讲一个故事：在清末，藏区有个很有名的高僧，和我的名字一样，也叫嘎玛堪布，他到过印度、英国这些地方。回来以后，他告诉家乡的人，在那些遥远的国度有种像两个锅盖一样的东西，人只要坐在上面，它就可以带着你到处跑，不用给它喝水，不用给它吃草，这是体积比较小的，叫做铁马。还有一个体积比较大的，是一个个小房子连在一起的，下面有两条铁做的线，小房子就在上面跑，可以从东边跑到西边，从西边跑到南边，里面可以塞几千人。人们听了就议论说，大师归大师，他讲如此的谎言谁会相信啊——铁马还不用吃草，不用喝水，一个房子里面可以载几千人，几十个房子连在一起还可以到处乱跑，天底下谁有能力带那么长的房子到处乱跑？大家都没法相信他说的这些话。

因为好奇，我们就开始寻找，找到后我们也开始慢慢利用，利用之后把别人积累的经验又发展了。后来大家知道了，所谓国外的铁马就是后来的自行车。现在不但有自行车,还有汽车、火车。用水的力量也可以发电了，可以用电灯泡照明了。这个时候我们就会发现，我们也进入了新的文明时代。所有这些，就是在重复前人经验的过程中不断进步的结果。

《佛经》里有一句话叫：轮回之法皆重复，重复之中看谁能让它更殊胜。经商是如此，我们学习科学、学习高科技的东西也是如此。学文字更是如此。历代学人、贤人把文字发挥得淋漓尽致，后人又去模仿运用，这当中我们越来越精通文字，用文字可以表达我们要表达的一切。而我们通过文字又学会了沟通，学会了数学，学会了运用现代文明中的高科技东西。在这些过程中，我们不停地努力付出，很多奇迹就是在这种重复又重复的过程中实现的。

如果一件事情不停地重复就可以让我们变成专家，那么在做一些心灵修养功课时，每天从内心深处一遍遍地反省，我们也会成为修复心灵的专家。很多人在修行时对自己缺点毛病的改变不用心，看不到自己的毛病，当他发现修行的改变并不很大时就会放弃。然而，他在寻找别人的缺点毛病时却是煞费苦心，经常重复地寻找。如果我们把这种认知力用于自身，那么在轮回当中改变自己命运的能力就会变得很强。

很多人希望通过算命知晓自己的命运，有人怨天怨地，怨父母没有给他足够的教育，还怨社会，怨学校。而成功者却在对某一件事的执著当中学会了刻苦用心，一边模仿，一边提高。为什么佛教会强调“轮回”这个词，就是怕人们在模仿重复中选到误区：你希望得到的是快乐、幸福与平安，却选择了让你痛苦沮丧、一直有磨难的方式和方法。走入这样的误区，结果自然是相应的。所以，先要观察，看清真正的循环轮回是什么样，然后我们的灵魂就该起主导作用了。

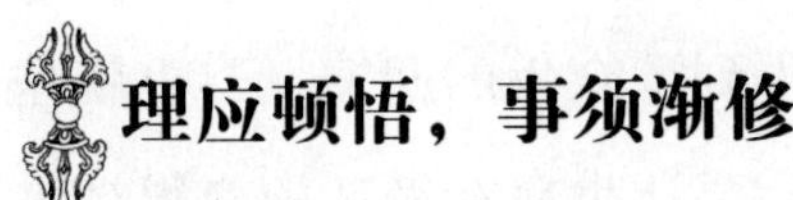

理应顿悟，事须渐修

你想要成功，要改变自己命运，通过后天培养自己的福报就可以实现。一个人没有恒心，没有意志力，是不能成功的。《楞严经》里有句非常有名的话，叫“理则顿悟，乘悟并销；事非顿除，因次第尽”。讲道理实际上每个人都会，道理大家都懂，但事情须渐渐地修为才能完成——做事的时候一再重复，重复当中去寻找精华，再去运用。这种精华应是先从自己的灵魂中来的。要先让自己的灵魂纯净，再由纯净的灵魂发展出高尚品德，再发展出良好的习惯。

我们还需要对社会负责任地付出，让社会感受到我们存在的价值。人生在这种过程中就像一个车轮，本是在凹凸不平的山地里面滚动，到最后它越走越快，像走高速公路。让自己的生命从刚开始的坎坷走向最后的平坦，在这种循环中再对别人产生非常大的作用，为社会奉献，为别人付出，在这当中自己也受益了。从来没有人在付出当中光是别人受益、自己不受益的。佛陀就是最典型的：他永远想到的是为别人付出，最后成佛的正是他。

众生如果永远只想着自己，在轮回当中只能越滚动越往下坡走。佛陀是越滚越往上走，这种往上的力量是来自于他对众人的付出，从付出当中他得到了众生的回馈，这也就是他后天努力得来的福报。所以，要让生命在循环中变得越来越珍贵，我们必须从生活中寻找真正的价值，尽量为社会多付出。

我们需要有个比较明确的认知：人是因为自己的负面的力量——也就是自己营造过的这种力量和身体、言语、行为所产生的力量，又叫业力——而不由自主地循环旋转的，这个过程就是轮回。

我们经常说，就像一只蜜蜂掉在瓶子里，它靠自己的力量盲目地飞，往上飞，往下飞——飞不出去的蜜蜂就是在轮回，一直重复着在里面绕。而当一个人被我执无明的情绪掌控时，不由自主地随着自己的情绪滚动，就解脱不了。等有一天人像蜜蜂一样飞出瓶口，掌控了自己的情绪，就解脱了轮回。

当轮子刚开始转动时，我们知道它是从那个方向开始转的；当转动得很迅速后，就看不清楚真实的真相了。直到有一天，我们才悟到，造成这种不停循环轮回，是因为“我执”。下决心破除我执，才有可能出离轮回的樊笼。只要还有我执存在，就会不停地轮回。

我希望，每个人能做到管理好自己的情绪，由此出发，重复去做能够给自己带来快乐的善事。给自己带来快乐了，就会对自己有意义；对自己有意义，就会对别人有意义，也一定会给别人带来快乐。这种循环就是一种积极的轮回。

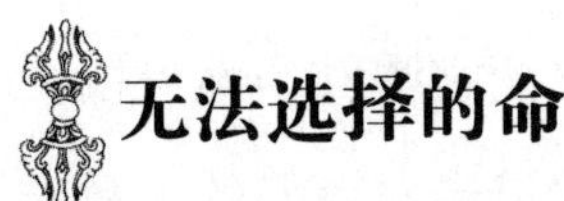

无法选择的命

人来到世间，是无法选择的。所以，每个人就会有自己不同的命运。

我们是否相信前世和来世有一个“我”，实际上并不重要；只要承认我们来到这个世界，是无法自主选择父母的就够了。谁来养育我们，我们没办法选择；身体健康与否、智商是不是够用的，也没法选择。所有这些，不是我们今天可以选择的，而是从昨天带来的。如果不是这样，健康的父母就该生个健康的小孩，残障的父母就该生个残障的小孩；为什么残障的父母可以生健康的儿女，为什么健康的父母有时候会生残障的小孩，这就是我们没有办法选择的原因。命是没办法选择的。所以命必须得认。

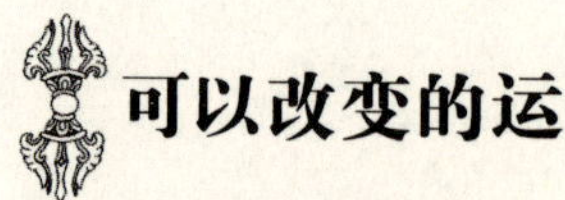

可以改变的运

承认了命的存在，那我们能不能去改变它呢？当然可以。

因为我们在成长的过程当中，通过父母亲对我们的无私奉献，通过老师对我们的文化道德教育、亲朋好友对我们的关爱和呵护，是可以改变我们命运的。这种改变就像在土壤里面播种，播什么种子是既定的，但种子要长出来时怎么开花结果，我们就可以管管它了。如果刚长出来就结两三个果，因为我们有很好的呵护，它能结出来的就是一百个果、一千个果了。所以，人最后能不能成功，要看周边共同的业力对它产生的影响。

这就得讲到“缘分”了。缘分是多种力量综合起来的，我们遇到的任何一个人、任何一件事都可能改变这个过程。而这里最重要的还是念头，也就是自己要相信“心想事成”。心只要去想就可能做成事情，心想不一定成功，但不想绝对不能成功的。

我们如果有一个念头，又遇到一个正面的老师，老师就会把我们的思想变成正面的部分。一个小孩，如果从小充满着悲观，有个好的老师就可以改变他的念头，让他乐观地看待生活，乐观地面对社会——周边的力量给予他什么，他就有可能受什么影响。这是无数事实已经证明过的。

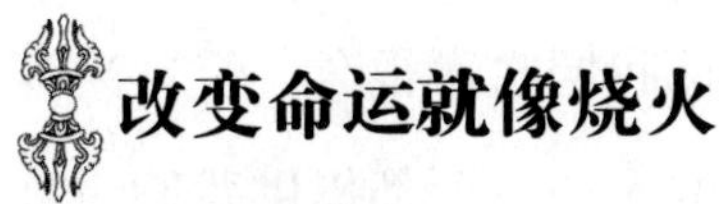

改变命运就像烧火

为什么我们一直提倡人要有信仰呢？

人一生下来不一定知道去信仰什么，但是，周边环境会影响我们去信仰什么。周边环境会带给我们什么信仰呢？如果我们周边有很多人都信仰佛教，我们就有可能去关注佛教“诸恶莫作,诸善奉行,自净其意”的教义和精髓。佛教思想告诉我们：我们可以努力地争取,努力以后得到与否并不是我们能控制的,所以我们得到了就高兴，没得到也没必要气馁。在佛教的真信徒里应该不存在这样的人：因为所谓的失败去自杀、吃药，或因为没有得到他想要的东西就去伤人的。应该有的态度是：我努力过了，既然缘分是这样，那就接受这样一个命运，不要想不开，不要不甘愿，应该坦然地去接受。这就是我们应该保持的乐观的生活态度。

面对生活困境，有的人就是严重到可能马上面临的是老去病死的困境，都可以乐观地看待命运。这中间就是他的信仰在支撑他。有的人信仰金钱、权力、名声等,可是这种信仰不长久,得到得快，消失得快。信仰应该是比较长久的，就像生命里有一杆秤。有宗教信仰的人，心中的善念是比较多的。无数善的念头连接起来，就会合成非常大的力量。就像我们对一个人笑，如果对方回给我们一个笑容，就会让我们欢喜很久。带着笑容的人是带着正面的力量，如果这样的人每一个都提供我们一点建议、一点帮助，我们的能力就会提高得非常快。假设是负面的力量，延伸出去后，会发现周边都变成敌人，我们有了那种所谓的怨念，命运就被人改变了。我们误入歧途，或者交了不好的朋友，就是因为周边的环境及人的影响而让命运发生改变。

我有一个弟子，他有一对儿女，家教非常好，两个都很优秀，一个送到美国，一个送到英国，去读大学。送到美国的孩子遇到一个室友是吸毒的，因为好奇，后来他跟着学会了吸毒，一辈子就这样毁掉了。送到英国的孩子，旁边都是一些皇亲贵族子弟，都是很有才华的人，他所受到的影响和送到美国的那个孩子不一样，受到了良好的教育，回来后继承家业，把家族企业发展壮大到全世界。

人的意识是可以引导着走的，如果你想改变，就可以改变。为什么很多人有了信仰，自然而然就改变了？因为他乐观了，做任何事情都积极向上，别人也愿意伸出手帮一把。如果一个人很悲观，表现出来总是愁眉苦脸的，就没有人愿意去伸出手。我们要知道，人世间，雪中送炭的事情，不会有多少人愿意去做，而锦上添花的事情，大家都喜欢做。看你是乐观的，看你是积极向上的，大家都愿意为你奉献，力量就是由此而产生出来的。

心理学上把这种情况叫心理暗示，这个很重要。人的情绪本来是不稳定的，所以思想要找个依靠，非常有必要。人是非常怕寂寞的，寂寞是因为有不安全感。不安全感导致了我们需要保护自己，经常会为自己没有把握的事暴跳如雷，对自己有把握的事就会表现得傲气十足。

当人很执著又没有安全感时，必须找别人来确认一下自己的想法是对是错。就像我们走路，明知道走过去肯定会到那个地方，但总要问一下路人自己走得对不对。如果遇到两个人肯定地说我们走的路是对的，哪怕绕了很大的弯路，我们也走得很快乐；如果有时不确定是不是走得正确，虽然是近距离，我们也会觉得很疲倦、很辛苦。

有的人喜欢去算命，算命不是万能的，应是仅供参考。就像佛教里的很多法师，他们偶尔也会帮人算命，但只会告诉你积极向上的以及改变负面事情的方法，而不会告诉你再过多少天可能会有血光之灾了、再过多少天可能会有车祸了或破财等等。曾经有人做过这样的实验：如果告诉一个人一定会出车祸，他在开车时心里会很紧张，过度的紧张就会造成真的车祸。其实这是可以引导过去的。

改变命运就像烧火，只要你烧火，就会有热量。只要你专一去修行，肯定会有奇迹。如果连火都不想烧，就等着火的热量，那是徒劳。现在很多人想的就是不劳而获，根本不想烧火，光想烤火。

我深信不疑的是：命，没办法改变；但是，运，可以随着我们周边的环境以及正面的信仰改变。也就是说，人的思想是可以改变的，环境是可以改变的。在这个过程中，个人的力量非常重要。让自己内心变得有力量，就是改变命运的良方。

“放下”是人生必修的行为艺术课，
“放下”过去就是让当下为未来创造力量。

第二章 放下

被“我执”蒙蔽了双眼

要讲放下，得先从“我”是从哪儿来的说起。人也好，动物也好，总有个“我”是存在的。“我”的概念是说，只要是生命体,“我”就是存在的；因为“我”存在,产生很多围绕“我”的需求。因为有“我”，所以就有“我的身体”，就延伸出来一些看起来跟“我们”不相关、不痛不痒、但又属于“我们”的东西。比如我们的头发、我们的指甲，它们没有感官，所以剪这些东西是不会痛的；但因为跟我们的身体连在一起，我们也会把它们当做身体的一部分。等渐渐长大,就有了“我的衣服”、

“我的食物”、“我的亲人”、“我的房子”、“我的车子”，就有了“我们的社区”、“我们的城市”、“我们的国家”。

所有这些，是要让我们坚定不移地相信：我们活在这个世界，是一个独立体，从生命诞生那天开始就在往死亡那条线上走，在所走的过程中一直想拥有很多东西，虽然很多东西并不是与生俱来的。有些小孩生下来没多久就会使用他的表情撒谎以得到他需求的东西。由此我们可以肯定，人出生后，“我”的要求会随着“我”的欲望而越来越大。

来到这个世界，孩子对世界的认知并不一定是后天大人教会他的。一些小朋友刚学会爬，看到昆虫就想把它打死——对他来讲，玩就是把它打死。但也有很多小朋友，看到这些小生物时对它们宠爱得不得了，把它们放在手掌心，对着它讲话。童年时代的想法渐渐会产生“执著”，也可以称之为“欲望”。很多欲望都是后天来的。

刚来到这个世界的孩子并不懂得要那么多东西，是大人灌输给他的，如需要什么颜色的衣服穿起来才好看、讲话要怎样才会好听、拥有什么东西才叫富有、接受什么样的教育才会有学问等等。通过这些灌输，孩子的欲望就随着他眼睛看到的、耳朵听到的、鼻子闻到的、身体所碰触到的事物逐渐膨胀起来。也就是说，他通过自己对色声香味触的感受，欲望日益强烈。这种强烈的欲望，我们叫它“妄念”。

“妄念”就是还没有成功、但我们又想要的一种想法。妄念会带给我们很多情绪上的痛苦和身心的煎熬。随着慢慢长大，我们会发现并不只是为了生活那么简单。所有生物里人类是最复杂的，人类称自己为高级动物，实际上人的高级在于情绪太复杂。正面来讲，人懂得反省，懂得去分析，由分析懂得冷暖。人的情感可以说比别的动物丰富。简单来讲，这些都是因为人在动物里是高贵的。

人的高贵在哪里呢？人遇到痛苦，会想出改变痛苦的方法，会有很多念头，努力去解决问题，还能发挥集体的力量。动物在这方面比较欠缺。比如人吃饭，就不仅仅是为了温饱，更多的是为了满足欲望，为了满足视觉享受，为了满足听觉享受而吃。很多人，尤其是一些有钱人，他吃饭并不是因为喜欢吃才去吃的，而是希望听到别人说“那个大老板天天吃鲍鱼，天天喝名酒”。有些人其实不懂得品酒，但他会做一个很大的酒窖，表示自己很有品位。抽着雪茄，喝洋酒，让人家觉得他是个有品位的老板——这就是为了自己听着好听，满足自己的耳朵，用耳朵在生活，也就是别人怎么说他怎么生活。有的人是靠眼睛。很多人喜欢包包，像什么、LV、CUCCI 等世界名牌。真的是我们喜欢这些东西吗？不一定，大多数人根本搞不清楚这些东西好处在哪儿、为什么好，只知道它贵；别人说它贵，他耳朵听见了，看到人家拿名牌包，于是想自己也拎一个，就显得自己上档次了。其实这仅仅是满足自己的虚荣。在模仿高贵追时髦中，人们忽略了名牌产品所积淀的真正文化内涵。为了一点点视觉享受而追求表面的东西，并不是真正的高贵。

欲望透过眼睛、耳朵又传达到我们心中。为什么我们会这样？先了解为什么我们会执著。

透过眼睛和耳朵，后又想满足鼻子的味道，有些食物就是我们真的想吃它——闻到人家炒菜的味道很香，我们就会有欲望去吃。人类最大的一个问题是——我们会为欲望而去杀生。

正常来讲，作为人，我们自称是智商最高的一种动物，生命体本身是必须尊重的。但是人会因为欲望而杀生。有些动物的肉并不是真好吃，但如果有人说那种动物肉是贵重的，为了达到欲望，有人也会去杀生。因为欲望，大家会去杀那么多的野生动物，会去吃，这就是一种执著，执著于名声，执著于颜色，执著于味道，执著于为满足欲望而去杀生。人会杀豹、水獭、貂、大象、老虎等，说起来是用这些动物身上的东西治病，真的有非常好的疗效吗？其实不一定，只是拥有这些动物身上的珍稀东西，有的人只是想让人觉得自己有这种能力，是一种占有欲的满足，而这种做法的实质，恰恰是对生命不尊重的表现，是不应该提倡的。

欲望与贪念是最大的魔

放下，就是要放下欲望和贪念。

人的占有欲，在很早以前很简单。早期农业社会，人的欲望很少，满足于有口吃的，每日重复去劳作，男耕女织；一段时间后，家里多了几头牛，庄稼收得多，到这个时候，大家就都很感恩，一年下来会举行各种仪式敬天敬地，祈求天地保佑，希望明年继续丰收，这就是最大的愿望了——这个丰收的愿望也就是人们的欲望了。随着社会进步，人的欲望也开始增长；欲望增长了，人的能力也开始增长。

这样的故事举不胜举。我有一个好朋友，改革开放后出的国。有次我坐着他的车，前面有一辆小卡车开得很慢，我们就被挡在后边了，他非常生气，一直急躁地按喇叭。我说，你不要按喇叭了，别人的车只能那么慢，等他慢慢靠边你再开过去就好了。听我这么一说，他也觉得不好意思，笑了。接着他给我讲了一个他的经历：以前很穷，小时候在乡下，经常想自己要有一辆自行车该多好，当时的梦想就是有一辆飞鸽牌自行车。后来有了自行车，从电影电视里又看到外国人有轿车，又勾起了他的欲望，觉得自己能有一辆小轿车在这辈子是不可能的事。到后来他上了大学，学业不错，工作后自己做了一些生意，买了一部面包车；他开着面包车时，就觉得骑自行车的人碍事，老是有很多自行车冲到他的车前。而他当年骑自行车，开汽车的人在他后边按喇叭，他心里也曾觉得不舒服，当时还想：你有一部破汽车有什么了不起，按什么喇叭啊？

在他和我说这些话的时候，我觉得，他已经在一刹那间学会了放下。因为他在从自己骑自行车时看不惯后面的车子按喇叭，到自己按喇叭看不惯前面的自行车，到自己开上轿车看不上前面的卡车。到现在他官已经做得很大，出行时还有警车开道，有些车子不避让时曾经还想发脾气；再到后来意识到自己有点过分，到了现在政府配给他的公车都不坐了，而是自己每天开着普通小汽车出行——这个过程中他的心态发生了很大的变化，已经放下了很多欲望。

人的欲望从无到有，从有到无。在这个过程里，欲望如果慢慢减少了，也不再执著了，就是学会了放下。都有一个这样的过程，能不能明白，还是要靠自己的顿悟。

被佛像“收藏”

为什么很多人容易执著于欲望而无法放下呢？最主要是，人们会认为任何东西自己占有后就会永远不变。所以，拥有之后，人们就为这个不想失去而不断地想一直拥有，让自己的内心挣扎。

其实，我们知道这些东西谁都拥有不了，但从来不会说服自己那是会失去的东西，很多人还是想方设法去占有。

以前穷的时候，经常想一日三餐能吃饱就很满足了，多一顿消夜就已经非常了不起了，能买几件新衣服就已经非常满足了。然而，有了这个能力后，衣服越来越多，根本穿不完，还是会去买。

以前贫穷的时候，人们的欲望就是以后有皮鞋穿，有好衣服穿，或者有小车可以坐，有一间房子就非常好了。等到房子有了，车子有了，什么都有了，经济能力增强了，新的欲望就又来了——想办法让房子越来越大，衣服越来越贵，都是名牌才好。到最后，不是为了穿衣服而买衣服，是为了买衣服而买衣服。到商店看到名牌衣服，这也要那也要，打包拿回家，挂在衣柜里；很长时间后，一看，衣服还挂在那里，连标签都没有摘掉，更不用说穿在身上了。

人的欲望是无止境的。当我们刚开始拥有两件衣服，刚开始买得起一部车，买得起第一个名牌包包的时候，我们会很高兴的。就像一个企业家拥有第一桶金，那是非常欢喜的，那种欢喜会保持比较久。再到以后就比较多余了，像银行的存款，第一笔存款是真实的，从没有存折到上面有数字，以后就只是后面的零加多少的问题了。这就是欲望一直膨胀、占有欲有增无减的结果。如何控制这种占有欲，如何在拥有后再放下，是需要很大的勇气的。

西方很多有名的企业家，生长在有信仰的家庭里，从小父母告诉过他们，一切都是从百姓那儿来的，拥有财富后要懂得回馈社会。把这种观念实施出来，西方许多富豪如洛克菲勒、福特、比尔·盖茨、韦尔奇等，都是虔诚的基督教徒，他们的信仰有效地对他们的行为起了规范作用，使得他们在事业中能够诚实经营，在生活中克己节俭，不忘在拥有之后奉献社会。

东方人，特别是我们中国人，很少正规受过回馈社会的慈善心理教育，只想把自己的钱财等有形财产留给子女，或者疯狂收藏一些所谓的宝物，这种收藏很多时候仅仅是为满足个人的占有欲而已。我认识一个人，很爱收藏古董，每次收藏到一件宝贝就会打电话告诉我，我每次都说很好。他收藏得太频繁了，有一天我就跟他讲："你收藏这些东西有什么用呢？无非就是拿回去放到家里，要么就放到银行里，或者买保险箱放在里面锁上，这个跟你没有拥有、埋在地底下有什么差别？最多也就是你拿出来看一看，你有两三件、十来件的时候你可以经常拿出来，看一看欣赏欣赏。当你拥有几百件后还怎么看？看也看不过来，自己拥有什么东西只是看一下清单而已。"有一天他又告诉我说收藏了一尊唐朝的佛像，我就说："你要搞清楚，你在这个世界上能活多少年呢？你50岁了，我祝福你长寿一点，你最多能再活40年，也就是说这40年的时间，看起来是你收藏那尊佛像；从唐朝到现在，佛像已经存在一千多年了，你才多大年龄，是你收藏佛像吗？佛像暂时收藏你几天还差不多。你要搞清楚你到底是干什么的，你在这个世界上不过是昙花一现，佛像是古董，就是因为它已经在这个世界上这么久了，你不是收藏家，它才是收藏家，你还搞不清楚……"我说你醒一醒吧，不要把所有的精力都投到这里。

我们的欲望就是在这种过程中不断轮回，形成了习惯。如果这个过程带给我们的都是快乐，那是一件好事，但是大多时候带给我们的是不快乐。有人喜欢购物，购物的快乐是短暂的，大概只存在于选东西和刷卡的时候，等刷完卡看到账单实际上就开始后悔了，放在衣柜里穿不了更是后悔。买来的东西其实无用，会增加心灵的负担。我经常跟人开玩笑说：一件衣服挂在商店里，我们在外面看时最多就是觉得那件衣服好看而已，当我们确定要买这件衣服时突然有个人过来把那件衣服要买走，我们这边就开始想了——那件衣服是我要买的，因为已经被我的欲望占有了。当我们付完钱出来，如果有服务员不小心把咖啡倒衣服上面了，我们就会心疼，因为你的东西被侵犯了，就会觉得难过。这种难过就是负担。

现在很多人买车子，车子放在展厅里面，那是人家的车，我们交了定金后就不一样了。买了新车，如果有人用钥匙刮了一下车子，就如同刮到我们心了，痛得不得了。房子也是一样，我们没有交钱的时候人家敲敲打打根本不关我们的事，我们交了那一笔钱，占有欲就开始有了，再有人对房子敲敲打打就会让我们火冒三丈。

人有占有欲，并不是说完全就不好。人来到这个世界，从一个躯壳开始，到珍惜我们的身体，到有个充实的生活，然后让身体在生活中满足必需，那是必须的。而在超过后就变成额外的了，如果想做到不让外在的东西来掌控自己，这种灵活就很重要了。

放下欲望，解脱自己

佛教认为，人来到这个世界上就是为了解脱自己，应该是来快乐地过日子的。但是，因为我们的欲望太大，占有欲太强，总是想方设法去拼命占有。赚钱到最后就成了一种游戏，多一个零我们就高兴，欲望满足了，然后我们拼命为了后面再多个零而去努力。还在乎自己的名声，即使当面听不到别人说什么，也要想方设法去打听别人是如何传播自己的。所有这些，都是占有欲在作怪。

一个人随着能力的增强，占有欲会越来越强。一个人做平凡人的时候他是平凡人的样子，而做了名人，他的欲望就不一样了。从小员工到小白领，到做老板，甚至做领袖，在这个变化过程中，他的欲望和思考问题方式都在变化。如果他能够不受周边环境创造出来的这些物质的困扰和指挥，就是件好事，很多人正是被这些外在的东西所左右。就像我们讲的赚钱方式，一个人有能力去赚钱那是好事情。我们有能力让一堆员工、我们的亲朋好友过上好日子，让大家都能够有一个祥和的家庭，都是好事。就怕我们把很多物质占为己有后，就被欲望给驾驭住了，然后人变成物质的奴隶，被物质所掌控。被物质掌控我们还有办法解决，可以从物质里面逃脱；如果被欲望掌控，那是看不见的，要想从中解脱会很难。

我有一个好朋友，他一直买别墅，拥有很多别墅。他给我打电话说又看上了一栋别墅，我说："你干什么呢？你买这个很欢喜还是怎么样？那么多别墅你要怎么住？""你没有发现，你变成你们家最大的佣人了吗？每天为了你买的这些东西去打工，一个月就有几天在家里，而你们走了，你们家佣人却可以跷着二郎腿在家看电视，看完电视去游泳，一应俱有。一个星期你最多就星期六晚上回来睡个觉而已。只有一天时间你家的佣人才是真佣人，其他时间他才是主人，让他住在豪华的屋子里面，你要给他工资，给他交电费，把所有的开销都给他。五六辆车子你一个月能坐几辆？大部分时间还得让车子停在那里，还要给车子保养，交各种费用。你有没有好好想过，你到底是老板还是佣人？我倒觉得你是佣人。你能拥有的很多了，因为你能力很强。但是你能用的有多少？一天三顿饭，大吃大喝吃腻了，五谷杂粮就已经让你很满足了。你也要学学人家比尔·盖茨，到了这把年龄了，想想怎么回馈社会才是正事……"

有一些东西该放下就要放下，要不然就放不下了。

有个人开公司专门生产一种在国际上很有名的摩托车，我经常跟他讲要休息。刚开始做公司的时候，他说占有几个国家的市场就行了；他的摩托车特别好，从占有几个国家到占有欧洲市场，最后变成占有全球市场了。我说你生意已经做到全世界了，你也没有那么多精力，快六十岁的人了，要多休息。他信佛，我说你就偶尔把这些工作放一放，念念经，然后把自己的这种欲望稍微降低一点。你下面有很多很优秀的人才，他们能继续把这个品牌做到全世界去——他们可以做，你已经创出了品牌，应该学会让自己紧绷的大脑稍微停一下。他每次都说好，过阵子就好好休息。说完了，还继续老样子，不停地工作。后来听说他审核报表时猝死在办公桌边，人很壮实，才五十六七岁。

所以，人要在适当的时候知道控制和调整自己的欲望，而不被欲望所控制，要学会放下，这样才能活得从容自如。

放什么

如果欲望本身是一件好事，当然大家都该努力去追求，但很多时候我们会不留意观察自己内心，追从于欲望带给我们的无形压力。为了实现自己的欲望，我们全身心投入，这种对自我的执著、对法的执著和对外在的执著是最终造成一个人身心垮掉的源头。人拥有最美好的事物当然不是坏事，但看用什么方法去拥有，佛教里讲的“放下”并不是叫你不要去做这件事情，一件事情值得去做，你就应该去努力工作，但是努力工作到底为了什么，我们一定要懂得。如果是为了个人名利，不是想想就可以达到的，也不是你付出了一切后它自然就会变成你所想要的那样。很多时候，你想让它往东发展，它偏偏往西发展，有很多的不确定性。

所以，先要学会放什么。人到底是为了名利、金钱、财富而活着，还是名利、金钱、权力这些是为了人而存在。这个关系要理顺，要明确，欲望和所有的一切是为了我们生存得更好而存在，我们不是为了它而存在。

既然我们是为了生存得更好而存在，所以在做事的过程中就要看这件事情是不是带给我们快乐。如果我们拼命地工作就很高兴、很快乐，那是我们的表面现象还是发自内心的快乐，需要判别。很多时候，我们的思想就像海上因风而起的浪花一样：海上只要有风，起的浪是很高的；起的浪高不代表海水愿意就这样跳起来，而是因为有风。当风停下来时海是很平静的，越深的海越平静。

我们要明白，自己高兴是真的高兴，还是因为有别人的那些赞美和奉承而感觉很快乐。如果是因为别人的态度而感觉快乐,这仅仅是一种因虚荣心而起的浪花而已,就不是真正的快乐。

为什么有很多人过劳死，以及很多人最后撑不住压力，升官发财后做一些诸如跳楼、吃药等极端举动?这些都是因为他们没有了解自己的情绪到底是真快乐还是假快乐。

所以，我们需要沉淀下来，每天反省，到底什么在先，什么在后，什么事情需要放下。要学会懂得:自己所追求的各种目标是不是真的就像自己想象的那么重要?到底给我们带来了什么样的快乐?在思考的过程中，我们会发现自己内心世界的很多需求都是虚荣心使然。为了满足自己虚荣心所做的一切，给我们带来的快乐并不长久。这个时候就要考虑把我们那些虚荣的想法放下了，放下以后再去寻找真正的快乐源。

挫折是顿悟的加速器

人对自我的执著叫“我执”，因对自我的执著而产生一种强烈的傲慢，就是“我慢”。我因为拥有了这些，人家就对我另眼相看，人家想拥有的没办法拥有，我拥有了。这种心理，时间长了就会产生虚荣心；这种虚荣心不会延续多久，很快会让人产生疲倦。换个角度看自己，经常想想，我活在这个世界到底是为了什么，想不明白了，睡一觉醒来就迷茫。

有个朋友，他就曾经认为自己太聪明了，所以造就了一个很大的集团企业，于是他觉得他有恩于别人，他不用感恩任何人，在30岁刚出头的时候就已经是国内很有名的企业家了。他把和社会、政府等方方面面的关系都打点得很到位。如果别人说你做点社会公益活动吧，他就说做过了，做了很多希望小学，但他做希望小学是从对自己的企业形象宣传出发，是为自己的集团做广告，不是发自内心要从帮助别人出发的。他还和我说："我这个人有个优点就是聪明，有能力，不欠任何人的情，只有所有人欠我的情。"当时，他傲气十足，眼里放不下任何人。听了他的这些话，我没有说一句话，没有办法交流，因为他放不下执著。当一个容器倒过来扣在那儿的时候，留不住任何一滴水，就好像是坚硬的悬崖留不住水。后来他得了一场大病，差点死了，好长一段时间昏迷在病床上，醒来以后一百八十度大转变。因为在病床上，他真正感受到了别人对他的担忧和亲情。通过几个月时间的回想，他想到他的企业之所以有今天，是多少人付出了很多的努力才有的，他只不过是个领头的人而已。有今天的名声，有今天的财富，是通过广大员工辛勤努力和社会环境的宽松得到的。想到这些，他心里非常难过，觉得自己以前到底是怎么了，连个动物都知道懂得感恩养它的人，为什么自己就没有想到这些呢。现在他语言完全变了，经常说的是要回馈大家，要感恩大家。说不了几句话就要感恩，有的时候到餐厅吃饭，服务员给他倒水他都会讲感恩。他现在做很多慈善事业，是诚心诚意地在做了。

所以，人在过度顺利的时候就容易忘记自己是谁了。当你不平顺的时候，遇到挫折，好像当头一棒，才知道痛一下。遇到挫折才会起变化，很多人当拥有时就会迷失自己。

拥有实际上是很容易的事情。一个人有足够的聪明，在这个世界上靠大众的力量，能拥有权力、财富、名利是很容易的事情。但是，赚钱靠聪明，花钱靠智慧。拥有以后，真正的痛苦才开始。如果在你拥有之前没有人盯上这块肉，当你拥有这一切名与利的时候，就变成所有人眼中可以分的那块蛋糕了。之前你是创造蛋糕者，现在是拥有蛋糕者，所有人都想从你那里分到一块。多少人因为经不起被别人分的过程，最后身败名裂了。

磨难先行

放下，放下外在的东西，那是比较简单一点。有的人当他拥有太多，也不知道干什么用时，就愿意跟外人分享，跟社会分享。但是，当牵扯到最核心的“我”的时候，仍然还是放不下。

让别人放下的人，大部分是些宗教人士，而这些师父往往是什么都没有拥有过的。这些宗教人士大部分从小就修行，修行久了就学会了用信仰来掌控自己的欲望，很多欲望在他们身上也不会产生出来。而他们会教导一些为欲望而烦恼的人，如果拥有的东西让你不快乐，就要赶紧把不快乐“放下”。有时这些宗教人士的话说服力还是不够，毕竟修行人的思想本来就是完美的理想主义，他没有拥有太多的东西，所以对他来讲，“放下”太简单了。比如，他没有拥有过家庭，所以你叫他放下家庭太简单了，让他放下，他马上就会说“好啊，放下”。

我们庙里有一个堪布（佛学院的教授）能说善道，一次有个女孩跟他讲自己失恋了很痛苦，堪布就说：“那你就当它没有发生过不就行了吗？”女孩子就说，不能当它没有发生过，它已经发生了啊。堪布又说：“分开了，走了，就当他死掉不就完了吗？”女孩说，果然没有谈过恋爱，问了也白问。我拿这个作为比喻，目的是想说，如果自己本身没有经历过的事情，对他来说放下是很简单的一件事。我们为什么经常说“旁观者清”，也就是说，在一旁看的人自己不用付出，就觉得事情比较简单明了。

这个时候，我们就要学一学佛教的导师释迦牟尼是怎么做的，他是“放下”放得最彻底的人。释迦牟尼出生于王室，是个王子，又娶妻生子后才出的家，历经磨难后顿悟成佛，所以佛陀是“放下”的最好例证。如果他不是生在一个国王家庭，没有拥有过那么多的财富，然后告诉我们有很多财富却不一定能拥有很多快乐，我们愿意去相信吗？我们还是会学人家其他宗教一样天天告诉人家：我们的宗教是有福报的，我们财富越来越多，你们佛教是没有福报的，你们修佛的穷的比较多，修其他宗教的财富比较多。其实不是这回事，其他宗教的领袖在初创时期比较贫穷，一无所有，所以一开始他的欲望就是拥有、占有。为了占有土地，不惜发动战争，把别人的东西强占过来，让自己的机构变得庞大；等拥有钱财、拥有军队后，才去传播的宗教。

佛陀最不一样的是，他拥有过了；没有人可以拥有一个国家后可以放下的，而释迦牟尼做到了，最后他把情感也能够放下。所以佛陀是“放下”执行得最好的专家，所以他的话也就最有说服力。在佛陀放下一切的时候，短期内大家也对他失望过、遗憾过：没有当上国王，他爸爸遗憾；没有做一个好先生、好父亲，他的太太和孩子遗憾；对他的国家来讲，聪明的王子没有执掌政权也是一种遗憾。但是，最后他用自己的方式让他的妻儿、父亲、国家为他感到无比自豪。佛陀的思想延伸到全世界，延续了2500多年直到现在，他的思想给很多人带来了真正的快乐。这种“放下”才是真“放下”。佛陀把“放下”执行得非常到位，所以最后他没有让任何人失望。

“放下”是一个比较难的过程，很多我们曾经拥有的东西不是说丢掉就可以丢掉的。所以，如何去放，还是要经历很多的磨难，要有个过程。

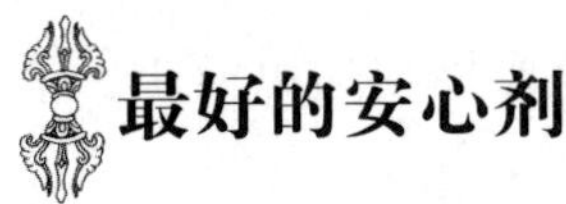

最好的安心剂

“放下”实际上有两个部分：一个要从物质层面放下，再一个要从心灵层面放下。

我们谈的大部分都是物质层面的，但是真正“放下”还是要从心里放下。我对“放下”的理解是，不要受“我”这个外在物质的约束——佛教叫空性,空性并不是说没有,而是叫“无我”，就是说不要执著于一个永恒不变的“我”。

从我们生下来之后，在长大的过程中每个人都有很大的欲望，我们实际上是活在强烈的欲望或者说是希望里。一个人生到这个世界上，即使他自身条件非常不好，也有自己美好的希望。比如,没有读书的时候就希望能够像哥哥姐姐那样去读书,读书后上大学，想能够读博士那更好，接下来就希望拥有一个美满的婚姻……人就是在这种期待当中过日子。这种期待，佛教里叫“愿力”。实际上，有的希望根本不会到来，也有可能因为人的想法而到来。

这些美好的想法促使我们因此而付出很多。在这种付出中,我们感觉很快乐。而有时候我们付出所得到的结果，不是我们所希望的那样，这个时候就要学会去放下自己曾经的希望，面对现实。所以,放下就是要学会在自己为了希望付出的过程中,如果努力了得到了自然好，如果得不到也要懂得适可而止，平衡自己的心态。

我们老家的同学，好多人小时候读书读得比我好，后来有的当了农民，有的当了工人，有的当了企业家。当年班里几十个人，每个人都有美好的愿望，都希望长大后能有个好工作、好的事业，而最后每个人的愿力造就了形形色色的果。但是,如果努力了，上大学毕业后被安排的工作不一样，即使是没有考上大学成为农民了，也应该对自己的付出不后悔，都要正确对待，对现在所拥有的感到满足，这就是放下。

放下，是要从心里面去放下。放下，如果得法，就是我们最好的安心剂。

积极随缘

人有形形色色的欲望，也愿意为欲望去付出很多，但不一定都能得到，不一定都能成功。当你付出了以后，一定要享受付出的过程；最后这件事情即使没成功，也应该欢欢喜喜让它随风而去。能够做到这点，就是放下。

在佛教里，这种放下很重要，也叫“随缘”。很多人搞不清楚“随缘”和“随便”的差别，以为佛陀说随缘就是不用努力了：那好好地工作也好，不好好工作也好，就是这个样子；读书也是这样，我每天去读就行了，用功也好，不用功也好，它就是这样的，就随缘；生活也是，我现在的生活贫困潦倒，我也不想努力改善它,以后会变成怎么样就随它去,随缘。实际上,那是“随便”,随便地看待自己的生命,随便地看待自己的人生。这是一种错误的观念。很多人认为佛教是消极的,也是从这里产生出来的。

其实,佛教里讲的“随缘”是非常积极的,要很多不同的力量综合起来才叫做一个“缘”。植物要长出一个果实来,需要很多条件,要有良好的土壤、水分、阳光、肥料,要有人的呵护,最后才可能长出好的果。这一切条件具备,才是缘分成熟。植物结果,需要去做很多积极主动的准备,找到好的土壤,找到好的土地,这是农民要付出的重要一部分,这是作为一个灵魂的主导作用。实际上,为了让缘分成熟,他去寻找所有的这一切。这是一个积极的过程。这一切都具备了,有了阳光,特别是有了好的土壤,有了水分,有了肥料……但是有些是我们掌控不了的,气候就是我们掌控不了的;有些是外在的力量,我们有没有这个时间去照顾也是一种外在的力量。如果付出了这么多的努力,老天爷不给你面子,不下雨会干旱,下雨过多会发生洪涝,最后没有收成了。就是说,认真努力了,外界条件不配合,这个缘分不具足,果实没有长出来,也没有办法。

这个时候,就要坦然地面对,因为这是改变不了的,不是没有努力,已经努力了,结果是这样。如果老天爷给面子,下了雨,阳光也充实,最后果实累累,得到丰收,那又是另外一回事。

我们在付出努力的过程中，要有充分的心理准备，不论是哪种结果都要坦然接受它，这才是佛教讲的“随缘”。

所谓“放下”，如果事情没有照着我们想要的方式去走，但我们已经努力过了，那高高兴兴地放下就可以了。对待工作也应该如此。我们想拥有一个好的工作，到一个好的公司，因为别人没有看懂你的长处，或者是你的长处没能发挥，最后你所希望的和人家需要的两者没有达到一致，就不要因为这样而伤心难过，不要执著于它而产生强烈的痛苦，这个时候就需要学会放下——毕竟努力过了，就随缘吧！

让过去随风而去

让人放下，说起来容易，做起来很难。我自己的人生经历中也有很多放不下的时候。

在 1993 年出国之前，我的梦想就是做一个传教者，我要学会十种语言，所以世界上流传最广的语言——英语，我肯定要先学好。出国前我就开始背单词。因为有个师兄是美国人，我跟他学了一些简单的对话，英文单词也背了很多。我的准备工作都做好了，没想到一出国，接触的全是华人。还有一个原因，我的第一个英文老师讲的是有印度口音的英文，我当时还瞧不起人家，觉得我跟他学会学不准，就很排斥跟他学。这种排斥的心态，就是心里没有放下偏见；这种放不下造成的结果，就是我到现在为止英文都不行。这个不行不是别人造成的，是我自己造成的。有没有遗憾？有遗憾，现在要学还来得及；但我最大的理想从 1993 年直到现在已经过了十多年了，还没有实现。我不会因为这次没有实现就有什么内疚感，只是觉得没学就是自己的错，错了有机会改就改，没机会改那就算了吧。我的母语是藏语，起码我把汉语学会学好了。我只读过小学，我现在汉语讲得还很不错——虽然另外一边我损失了，但是我把汉语给补回来了。

后来，有个朋友问我为什么不好好去学英文反而学汉语了，我告诉他，全世界中国人最多，华人最多，信佛的大部分人是讲汉语的，所以我要先把汉语学好。对我来讲，如果我是个推销产品的人，我的客户大部分还是以中国人为主啊。

我虽然英文不好，但是我把我们庙里的很多喇嘛都送到美国去读大学、传教。他们的英文很好了，用另外一种方式把我的遗憾补过来了。

所以，要学会不要因为暂时的阻碍而困扰自己。在愿望没有达成时可以变通一下，用别的方法。我已经努力过，不是没有努力。如果没有努力，那还是遗憾。

佛教的思想是这么认为的：任何事情都是无常的，没有任何东西永恒存在，每一时每一刻过去后就得学会放下。哪怕是一秒钟之前刚刚发生的事，对现在的我们来讲都已经是回忆。既然没有一个永恒的存在，那么执著于它干什么，就让它随风而去吧。

过去的事情，对我们现在来讲，只是起到一个参考的作用。过去的事情，不论是正面还是负面，都要正确对待；拿得起放得下，负面的就反省检讨，正面的就把它作为一个我们未来要做的事情、继续要努力的方向来看待。这样，两者产生的效果就会非常好：随时可以放下，放下过去的每一秒钟，把握当下。

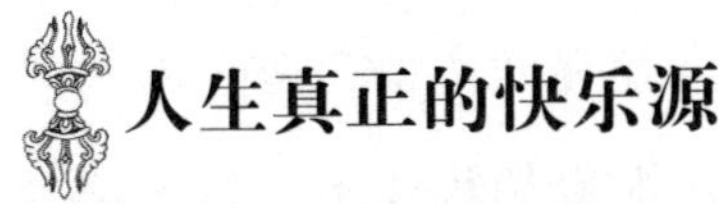

人生真正的快乐源

我刚到新加坡的时候，很多住别墅、开豪华车的人说自己又穷又苦，我就觉得很奇怪。我说，你吃得好、住得好、穿得好、开好车，你苦什么？我们总是认为人家住的高楼大厦是他的，拥有这些，他应该是富有了；后来发现红尘世界所有这些东西都是虚假的，多少人外表光鲜靓丽、身份崇高，但心灵却烦恼，甚至痛苦得不能自拔，旁人难以想象。

到底这个世界怎么了？经常听到各种各类人说的都是自己的烦恼，拥有钱财也不代表就拥有了快乐。更大的问题是，很多人忽略了内在的真正需求，忽略了应该放下“我执”的道理。太过执著，拥有的东西越多，带来的困扰和烦恼也越大；加上很多人都希望从他那里分一杯羹，他为了保护所拥有的这一部分所投入的精力比积累这些时的投入还要多。

人生活得简单，快乐的来源才会越来越多。

藏区非常偏远，然而人们的快乐源特别多。有人讲个小小的笑话大家就会开心很久，大家一起吃一顿饭会很开心，娱乐一下跳跳舞也很开心。如果你忽然变成穷人了，大家会送一点财富给你，你就马上拥有了，大家就很开心。

融入红尘社会就不是那么简单了。每个人的快乐都太过短暂。也许是人口太多的原因，为了生存强烈竞争，产生出巨大的压力，人与人之间的关系跟钢筋水泥变得很像了，越来越冷漠，有苦也没地方诉，发泄不了心中的烦恼。

根本原因，还是对心灵的需求和信仰的关注太少。很多时候我们如果过度注重外在的环境、外在的名利，就会忽略了精神层面的东西。佛陀成佛的时候就讲：这个世界本来就是一个苦难的世界，痛苦的原因在于我们放不下心里的贪、嗔、痴、慢、疑。要放下这些，总是要学会方法，方法要通过受教育而来。而我们寻常受教育，没有人专门告诉我们应该怎么去调整心态，我们受的教育很多都是教导我们怎么去向外占有和掠夺。如果能够好好学习佛教里讲的放下的方法，尤其是学习把“我执”放下的那些方法，就很容易从简单中产生快乐。这种快乐还是可以保持很久的。

要学会放下，还是要从实际修行当中体验，在现实生活中去修是最快的，也是最有效的。当人面临金钱、权力和赞美时，很容易被这种“法执著”给迷住了，就不清楚自己真正生存的价值到底来自哪里，于是就把这些拥有当成是生存的价值，那么慢慢就发现实际上你为这些所谓的拥有付出了很多，生命也在这个过程中消失了。等发现最珍贵的是自己灵魂层面的需要时，暂时拥有的那些物质也应该是还给大自然的时候了，包括亲人也会离开自己了——这个时候就已经晚了。

所以佛陀说，过去世不可得的，未来世更不可得，当下才是最重要的，每一秒钟的当下才是真正的“恒”。永恒的“恒”存在就是每个“当下”连着下一个“当下”，它是连贯的。对下一个“当下”来讲，现在的“当下”都是过去不可得的东西。要把握住当下，让当下为未来创造正面的力量。

如果要让当下为未来创造力量，我们现在要把握住它，就得把过去给放下。很多时候，我们放不下过去的任何东西，包括我们曾经拥有过的身份、地位、面子，还有学问等等。我们经常会被曾经接触过的环境、习气捆住自己。

现在我们藏族人很多到内地，还用藏区的模式来生活，就是让自己以前的习惯给套住了。很多中国人到西方去也是被习惯给套住，与西方的生活格格不入——习惯了用筷子，不愿意用刀叉；喜欢喝绿茶，不喜欢喝咖啡。

我们内心中的保留当然重要，不管生长在哪里，这是对自己的民族、生长的地区和文化的尊重；但是，当我们离开某一个环境，就应该把前面的那些先放下，学会别人的东西，让别人认同我们，然后再把自己的东西推销出去。每个阶段实际上都是一种放下。在佛教里叫做放弃“我执”，把它放空，叫“无我”。当外在的环境影响约束捆绑我们，我们就可以从里面让自己解脱出来。

我们可以使用它，就是拥有它所有的使用权，但是千万不要认为它就是永恒的，归我们了。产权所有者不是我们，没有任何人是其产权的拥有者，我们可以尽量使用它，那么用完了就应该放下。就好像用洗手间：当我们需要用马桶时，它是一个很可爱的东西，是全世界所有人最大快乐的来源；但当我们解放完以后，就可以完全放下了，不再会认为它是可爱的东西，甚至很多时候我们会认为它是个肮脏的东西。实际上，大部分最享受的快乐就是从它那里产生出来的。当我们需要它的时候，我们又觉得它很可爱、它很好了。这种分别不是外在的，都来自于我们心里面。

最后，我们慢慢会发现，这一切实际上是很自然的事。有一天，我跟几个弟子在看国外一个片子，片子里有个镜头，是几个韩国人戴着手套在洗马桶、便斗。弟子们说洗马桶还这样用手去洗，为什么不拿刷子刷呢？我说，这种事情我干过，干着干着就觉得很快乐。为什么呢？所有人最放松的地方就是那儿，不管三教九流，职位高低，就像我们藏族人所讲，连国王都要屈服的唯一地方就是这个地方。有了这种心态，就觉得洗手间是最和谐的地方，犹如肥料和水果蔬菜之间的和谐关系。

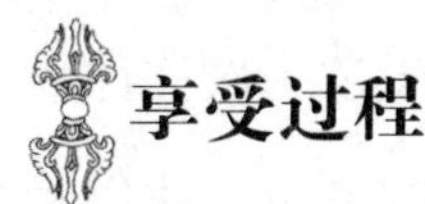

享受过程

我们藏传佛教有一个习惯，喜欢把最干净的和最肮脏的放在一起说，最干净的就是最肮脏的，最肮脏的就是最干净的。也就是说，任何时候我们觉得对的，我们觉得正面的，不一定是对的，也不一定是正面的；当我们觉得它是不对的，觉得它是负面的，也不一定就是那样。因为每件事情都有两面。

我们执著于有些事情，不放它，如果它能够带给我们快乐，当然应该去维持，但是很多时候它会带给我们痛苦。我经常拿两个人对骂来讲：两个人狠狠地彼此骂一下然后分手了。如果当事人随时随刻都会想到刚才骂他的那个人的嘴脸、那个语气，心里就痛得不得了：他怎么可以这样对我？这样骂我？我们好好思考一下。好多天过去了，我们再想这件事情，就会发现：是他骂你伤害了你，还是你骂你自己伤害了你。我们可能就会说，因为他骂我了，伤害我了，我很久都快乐不起来；其实，那是我们没放下他，我们还“爱”着他骂我们的那张嘴脸、那个语气，我们深深地“爱”着它，不愿意放下它。你不爱它，就应该放掉它才对，但是我们还“爱”着它。

如果有人给我们讲了一个快乐的事情或是一个笑话，让我们快乐，如果我们老是去想这件事情，让我们每次想到就快乐一下，那该多好？可是我们不会，快乐的事情想过一次往往就把它丢掉了，很容易放下。而给我们带来痛苦的事情，我们又“爱”着它。所以，人本身就是矛盾的，我们不喜欢痛苦，却老喜欢抓住痛苦的根源保留下来，“爱”着它不放。

和朋友相处也是这样。如果是一个带给我们快乐的人，跟我们相处得最好，我们总会对他放肆，包括对恋人、家人都是这样。而在外面是装出来的，把自己最好的一面呈现给别人，然后对自己家人毫无遮掩地放肆，把内心很多狠毒的语言都讲给对方听。那些不可能在平常人面前暴露的缺点毛病，在家人和恋人面前都暴露了出来，理由是："因为我是你的家人，我认为你能够接受我。"

其实，人本来就是独立体，就是对很亲的亲人，这样的压力对他来讲，一次两次可以，不能老找这样的理由、借口来折磨他。我们认为这样做他能够接受，因为这样我们会快乐；其实我们不快乐，在这种不掩饰的情形下，会伤害自己最亲近的人。本意我们希望用这样的方式让彼此感情更深、彼此更快乐起来，最后结果是负面的比较多一点。

所以，很多时候要放下，必须先反省，反省每一种行为，外在的、内在的，都要反省：这些行为到底有没有带给你快乐？假如说它带给我们快乐了，要想想：只是带给我们快乐了，还是也带给别人快乐了？如果只是带给我们快乐，就像骂人，只是暂时爽一下，很快痛苦就会像狂风暴雨一样过来，因为建立在别人身上的痛苦一次两次可能没关系，三次四次越来越多次，树立的敌人、仇人就越来越多了，最后这种压力根本不是我们能够抵抗的。

自己所谓的放下，伤害了别人，这就是愚蠢的——伤害了别人还毫不在乎，不是愚蠢是什么？我们讲的话伤害到别人，别人气得快爆炸，而我们还没感觉，甚至会说："你还没有放啊，我都放了。"

所以，有的时候，我们说的放下并不是说单纯不记得、自己不在乎就可以了。放下，是在整个过程中，对自己的行为、肢体的动作、言语及心灵产生负面的执著的部分，慢慢学会放掉它。放掉的方法并不只是不在乎，还要搞清楚它、解剖它，然后问自己：这些事情值得我们这么执著吗？

老和尚无法割舍的佛像

藏区有个老和尚，他有一尊很好的老佛像供奉在庙里。一天小偷把佛像偷走了，老和尚就天天哭哭啼啼的，有一天他找到我说："活佛，我们寺庙的佛像丢了，我该怎么办？这尊老佛像是过去的老和尚们留下来的财富，唯一剩下的宝贝，在我手里给丢了，我以后怎么去面对他们，怎么面对信徒？"我就说："老和尚呀，丢掉佛像，是要你学会放弃执著。佛像被人偷走了，也只能拿去拜，又不能吃，你哭什么？以前你们寺庙的大佛像

被拿去熔掉了你都没哭，剩下一尊现在被人家偷走了，你有什么可哭的？大不了再重新做一个，放在那里不就行了？”

他又说：“我怎么面对以前的那些老和尚呢？”我说：“人家都不知道重新投胎到哪里去了，谁要你去交代这件事？何况又不是你叫小偷来偷的，佛像被偷走了就算了。”

老和尚还是一直放不下，叫苦连天的。有一天，佛像意外被送了回来，他非常高兴，心里一块石头落了地，心想：我从今以后得好好看着这尊佛像了。老和尚就找了一个房间，把佛像锁在里面。这下信徒可烦了，来拜却看不到佛像，就开始骂：“老和尚你干什么，我们难得来庙里拜一拜佛像，你把佛像藏起来干什么？”老和尚说是怕被偷，信徒们就说：“你怕小偷也要让我们拜啊，要不然寺庙有个佛像还不让我们拜，我们不是白来了吗？”

后来老和尚也烦了，就把佛像又摆出来。没过几天，佛像又被偷走了。这下好了，小偷偷走了佛像的上半身，把下半身丢在那儿了。

老和尚又来找我诉苦，我说，没什么，那说明你们佛像就是该被小偷偷嘛。老和尚说：“本来佛像被偷走了，好不容易回来了，现在又让人家偷走了……就怪那些信徒，如果他们不让我摆出来的话，佛像就不会被偷走了。”我说：“佛像本来就是给他们拜的，现在被偷走了，他们没的拜了，也不会埋怨你。

现在你的烦恼没了，因为他们叫你把它放出来的嘛，被偷走了，那是他们的问题，就不是你的问题了，你就放心吧！”老和尚说："可以这么理解吗？”我说可以这么理解。

后来我送了一尊新佛像到他们寺庙，因为不是古董，放在那里也没有人要偷了，信徒来了也很高兴——有一尊佛像可以拜，他们也没有烦恼了。因为不用天天看着佛像了，他的问题都解决了，现在老和尚没有那么多的烦恼了。我说："这就对了，佛像本就不应该当成宝物供的，既然有人爱偷你就让他偷呗，省得你天天守着佛像，出门都经常挂念着。如果这样，对你来讲，死了也没有办法瞑目。现在那尊佛像被偷走了，你就是死也安心了，也不用去交代了，这尊佛像也可以摆出来了……”

要放下并不是那么容易，放下需要一个过程，要慢慢学着做。

舍出春天的时间，将会得到秋天的收获……

第三章
舍与得

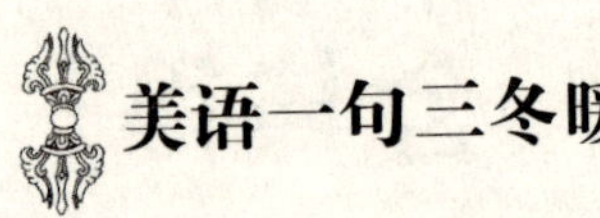

美语一句三冬暖

“舍得”在佛教中叫“布施”。布施出去，将会得到更多的收获，也就是先舍后得。舍得，要看你舍得什么了。一般我们大家一听到布施这个词都会想到我应该拥有财富，才可以去做布施。其实未必如此。

言语的舍得，得到的收获最大。言语是表达人与人之间情感最好的方式。

言语的表达方式有很多种，在不同阶层生活的人，沟通的言语方式都不一样。那么，什么样的言语让对方能够产生欢喜呢?

很多时候我们把人与人在彼此沟通过程中产生的让对方欢喜的语言就叫做“美语”。“美语”，没有固定模式，因人而异。对学者，用非常严谨的语句来跟他讲话，他觉得特别动听；如果用这样的语言跟一个比较没有文化的人来讲，他会觉得非常别扭，不觉得这是美语，觉得很刺耳。

沟通是从言语上开始的。从言语的表达当中，我们拥有了所该拥有的一切。所以，言语的付出，也就是舍。透过善的言语表达，发展出去后，从别人那里就会得到善的回报；恶语相对，得到的就是恶报，互相带来的就是痛苦。

言语表达必须通过学习。学习某种文化是最能让人得到想要得到一切的来源。我们说先要学会舍得，这就叫有智慧。这种智慧就是先放下自己的一切，学会尊敬别人拥有的文化，再把这个文化加以传播，慢慢就会得到了。

我们学别人的语言，也要舍很多东西。你本来会讲自己的语言，现在得放下自己的语言，然后很尊敬地去学别人的语言。学的过程中，当你把对自己语言的执著与对自己环境的适应放下以后，学到越来越多的是对方语言和对方文化。学到了对方文化，学到对方语言，你可以很容易把文化、思想用适合对方接受的方式传播出去，在传播的过程中就会得到别人的尊敬，得到想拥有的。

精神扶贫

我一直认为，真正的舍得，最多的应该是文化布施、知识布施。

有一个领导，每次见面都会问我来北京干什么。有一次我跟他讲："领导，我扶贫来了！"他说："只听说过发达地区的人到你们贫穷山沟里面去扶贫，没有听说过山沟里的人到发达的京城来扶贫的。"我说："领导你搞错了，都市发达地区有很多人的心灵是贫穷的，他的知识充足、物质充足、社交充实，但是他精神是贫穷的，所以需要我们给他们做'精神扶贫'，所以我来做'精神扶贫'。"

一般人认为，拥有物质后人才活得快乐。而有信仰的人则认为，先要有精神层面的丰富，人才能快乐。这时，我们先不谈谁对谁错，从中可以知道物质和精神这两种财富都非常重要，缺一不可。

我们佛教里叫"资粮"，也就是人活着时需要的粮食。佛陀最早就说，有两种粮食可以让人生存在这个世界上，一个叫福德资粮，一个叫智慧资粮。福德一般是指什么呢？人的长寿、人的健康。然后才是人的名利，就是我们习惯叫的福禄寿，这两者加起来就叫福德。

真正的智慧资粮，是指一个人灵魂上不会经常自私地执著于他自己；经常能够放空自己，达到无我境界的方法，在佛教里叫智慧。智慧如何产生呢？智慧是需要去从听、想、行中产生出来，我们叫闻思修。

福德资粮和智慧资粮是人活在世界上的两个真正依靠，一个是精神层面的，一个是物质层面的，两者缺一不可。

舍得就应该在这两个层面上进行。尤其是，精神上面我们能够舍，得到的更多。我们做老师的教学生，舍一点自己的时间，就能够把我们所学到的佛法知识传播出去；我们布施的时间虽然很短，对别人产生的效果却很大。用这种传播方法，一个老师带十个二十个学生，这二十个学生将来又能带一百个学生。也就是说，当一个人有善的念头，不去斤斤计较，愿意把自己的精神、思想布施出去，这些思想渐渐就会传播得很广。

到现在为止，佛陀的教育维持了两千多年。刚开始是佛陀一个人发展，如果佛陀不花几十年的时间来弘法利生，就不可能有现在的佛教。再者，佛陀如果当时舍不得自己的王位，舍不得自己的军队，舍不得他所享受的特权，而不去苦行六年，那么佛教就不可能作为一个伟大宗教延续这么久。佛陀就是舍得的典型。

我们经常说，“舍得”小小的种子，很快就会得到回报。最不用成本的“舍得”是愿意舍出爱心与慈悲心。在这方面佛陀做得也非常好。佛陀从伟大的无我境界中发出去的舍得，舍去他的享受，付出了很多辛劳，他传教的四十余年是很辛苦的，但他把佛教传播出去了。佛陀的一代代弟子也为此付出了很多。并不只是佛陀这一个老师，所有的老师都是这样的。一个老师实际上一生也很短暂，但他教出了一批批的学生，这些学生有的去经商了，有的去搞教育，有的当医生了，他们在方方面面又给社会带来了很多贡献，所以在这种舍中，他们得到的是无止境的快乐。

生活中也是一样的。农民舍得春天时间，舍得他可以吃的粮食，做为种子种到地里，然后再舍几个月的时间翻土地、浇水撒肥料，秋天就会有收获。也就是说，他布施了春天的时间，就会得到秋天的收获。

人与人之间的交往、我们对事业的投入，也都是这样。如果你付出得多，得到的回报也一定是加倍的；如果你没有付出，得到的肯定就没有多少。所以，舍不得种子想等到果实是不可能的。很多人想做的就是空手套白狼，自己什么都不愿意付出，光等着天上有珠宝掉下来，那是不可能的事情。

只去舍，不想得

我从小到大，很少想为自己做点什么事情，我得到没有？得到的太多了。因为我做得好，大家才愿意把财富给我。有人问我：为什么你会拥有那么多的钱财？我经常开玩笑说我福报大。我为什么能福报大呢？我做得好，所以很多人信任我。如果我把所有的钱放在我的包里，去住豪宅，买好车，享受荣华富贵，那最多就是有一批好友；这些好友当然也没有什么宗教信仰，也许因为我对他们有一点帮助，他们会赞助我，但我就会失去更多人对佛教的扶持和对佛教的信心。

有一个人，年轻时候做生意做垮了，很多朋友把自家房子抵押出去，借钱让他重新做生意。刚开始大家都比较冒险，因为对他们来讲房子是很重要的家当；但是，等这个人生意成功以后，当初为他抵押房子的人得到的就不是普通的房子，而是别墅了，他们的孩子读书又全部被资助了。所以，愿意布施出去，人们得到的就不只是物质层面的东西了。

我们从很多人手中得到了资粮，我们去做布施。从表面上看，是我帮助了那些人，盖了学校，又帮助孩子们上了大学；

实际上是我帮助了他们吗？没有。我只是把别人交给我的那部分财产施舍出去了。因为别人的信任，需要多少钱人家都愿意给，我为此而快乐，也很有成就感，很多人因为我转给他们的钱财也得到了快乐，为此我也得到了别人的赞美，这样想一想反而是他们帮助了我，这不是利是什么？

因为舍，得到了真正的快乐

我有一个朋友，从来都不觉得快乐。因为他生下来咬着金汤匙，家里太富有了，什么都有，所以很少在他脸上看到笑容，他也不觉得有什么可高兴的事。有一次他到我的老家，看到一个老妈妈跪在我的面前号啕大哭，他问我有什么事情让她这么难过，我说她不是难过而是高兴。她的女儿考上大学了，我们帮她付了学费，她高兴得哭。

我就和这个朋友说，你也可以捐助别人，这边还有更多的学生需要帮助。然后我就找了几个穷人来让他赞助。他就这样做了。没过几年，这些小孩都毕业找到工作了，家里因为他们

都变富有了。后来他又跟我去了一趟，遇到一个女孩，我告诉他这就是他以前曾经赞助过的小女孩。他不相信人的变化会这么大：几年前他看到的是个脸上有红扑扑的高原红、穿得又脏又乱的小女孩，而现在看到的是一个很时髦的漂亮女郎。他很感慨，说没想到一点小钱可以做这么大的事情。我告诉他，由于他的资助，让女孩能够继续学习，是知识让她发生了变化，现在她有学问、有信心、有工作，发自内心的那种欢喜让她改变了对生活的看法，她的状态完全改变了。

后来他每次想到这件事情就很高兴。以前他常问我为什么总是那么高兴，我就告诉他，就是因为经常帮助别人，每当想到自己只是付出那么一点点，却让别人得到了很大快乐，就觉得自己活在这个世界上还有一点点用处，就觉得自己没有白活，我就会很高兴地活着；要不然，每天醒来，活着干什么，自己都不清楚。从那以后，他变得天天都很高兴，也愿意做更多的事情了，到现在他还一直赞助着当地学生。

有时候就是这样，有人不快乐，是因为他没有认识到自己活着的价值。

有的人生下来就拥有别人努力拼搏才能获得的财富和名利，所以他活着不知道要干吗，觉得只要吃喝玩乐就够了。这时候就需要从付出中找到心灵真正的快乐源泉。

有很多实业家放弃自己的事业，有很多有学问的人丢掉在沿海城市大学当老师的工作，跑到偏远山区里支教，帮一些小孩子，每月拿几百块钱仅够温饱的工资，但他们过得很快乐。为什么呢？因为他们心里面得到快乐了。人，只要心快乐了，以后做什么事都很快乐。

舍得，表面看起来我们放下了很多，实际上得到的更多。人只要发自内心地欢喜，就是最有福报的人。如果内心不知足，永远都是贫穷的人。

我还很少看到，一个富豪说自己已经富有了，可以停下来了；只知道，大部分穷人说现在吃也吃得饱了，穿也穿得暖了，我们该知足了。有些富人永远都在讲，我还不够富有，还要再收购几个公司，还要再扩大几个公司。有一次我去美国，在飞机上遇到一位很富有的老先生，我们认识多年了，我问他为什么七十多岁了还不好好休息呢？很多人都说你很有福报，我觉得你就没有福报。他很不高兴。我说，六七十岁的老人家应该安度晚年，应该把所有一切放下，抱着孙子在家里享受，想游山玩水就游山玩水；不游山玩水了，有信仰就在家里念念经，没信仰就看看电视、听听音乐。到了这把年纪还为了儿孙省吃俭用，也从不为社会做点慈善奉献，为了工作还在世界各地不停地跑，虽然我非常敬重他的敬业精神，但是我觉得他其实是个没有福报的人。

一个人得到的越多，想拥有的就更多。很少有人说拥有之后他不想再拥有了，这样非常困难。

人的幸福指数和 GDP 无关

人的幸福指数和什么最有关系？

幸福指数跟健康最有关系，一个人只要拥有健康实际上就最幸福。人生当中最大的财富就是身体健康，如果身体不健康，有多少财富都没有用；一个身体健康的人心灵不健康，很快也会变得身体不健康。所以，一定是身心都要健康的人，才是世界上最幸福的人。

为什么现在世界上幸福指数最高的国家是不丹这样说起来很穷的国家？以前还有挪威这些国家在前面，因为世界金融风暴，有钱的国家经济突然衰退，他们的人民也不开心了。反而像不丹这样的国家，国民的幸福指数站在了最前面。因为不丹政府永远以老百姓身体健康不健康、过得快乐不快乐作为政府执政努力的方向，而不是单纯以金

钱多寡为衡量指标。

一无所有的人说放弃很简单，拥有许多的人说放弃那是大困难。看一个人是否真正能修行，是看他拥有以后是否能放下。一无所有的人，本来就没有什么，所以很容易能放下。这时候他需要放下的是心灵层面的东西——我们不要怨天怨地，埋怨自己的命，要学会放弃；学会放弃，生活就会非常快乐。

拥有财富本身不是坏事，拥有知识也不是坏事。当我们拥有智慧，比如我们从一个医生变成一个大医学家，从一个学者变成一个学术方面领先的教授了，每个人在各行各业都变成专家了。变成专家，我们是自己学会了就把它留在那儿呢，还是要把学到的东西布施出去呢？最伟大的境界就是能够施舍出去，钱财也好，学问也好，无私地奉献给社会，才是从“富”变成“贵”。一个人变富太简单了，只要愿意播种，就会得到收获，收割回来把它留着，就富了。如果我们把自己拥有的种子发给大家播种，大家种完了把种子又还给我们了，因为大家要付给我们“利息”，我们就会变得越来越富有。就怕我们舍不得把种子发给大家去种。

一个人生命中需要的是尊贵，贵在哪里呢？那就要看把影响力传播出去，对多少人产生了帮助。一个对社会有帮助、有奉献的人，就会受到大家的敬仰，生命就显得尊贵。

人最重要的是心灵要快乐。我一直认为，无论做什么事情，一定要让自己快乐；如果心不快乐，很快就会没有做事的力气了。所以，心快乐是最大的得。当我们心快乐，其他失去的都是小事了。

菩萨利益众生，成就了自己；众生自私地想利益自己，最后让自己堕落。全心全意为自己服务的人永远是普通人，全心全意为人民服务的人最后都会成为杰出的人，成为群众的领袖。

我们喜欢洗身体，为什么就不喜欢洗心呢？
所以要悔过，要洗心。

第四章 反省

反省身体

“忏悔”的意思是：坦白自己身语意等一切所犯的过错，从此约束自我，祈求容忍宽恕。现在，我们也把“忏悔”称为“反省”。

人五官都朝外，都往外感受。反省也是因为外在因素而产生。最容易反省的是我们的身体、肢体动作、言语、行为，因为人家会指责我们。如果你不洗澡，有人说你怎么又脏又臭，我们就会赶紧洗澡；如果我们的谈吐不妥当，别人就会阻止我们言语。所以，就形成了一个我们的惯性——因为外在和外表无法和别人及环境相容而反省并改变。拿洗澡来说，有的人很少会因为需要去洗澡，是怕人家认为自己脏。高原民族和游牧民族的一些原始部落，到现在还没有天天洗澡的习惯，因为在交往中没有人互相嫌弃。进入所谓的“文明时代”以后，大家觉得那是需要的，为了卫生，大部分是为了接触中产生好感和美感。希望给别人留个好印象，这其实是外在的反省，更主要的，还要发自内心去改变习惯。

在生活中，反省成为我们必须“安装”的一个程序。这是社会教给我们的。所以，我们特别注重对自己身体的反省，不但要把身体的污垢洗干净，把脸洗干净，每天早起还要刷牙，把嘴里的污垢洗干净，不刷怕人家说我们嘴臭。这是人人都做得到的反省，而且会做得很好，因为有外在的监督和促进。

现代人只注重身体硬件的保养，不注重、甚至没有意识到身体软件的重要。其实，心灵是我们最重要的身体软件，如果能够做好心灵保养，会对我们的人生有至关重要的作用。

对心灵反省

人难做到的是对心灵的反省。外面的人看我们的心是看不透的，所以很少有人指责我们的心。心灵的反省必须依靠自觉自愿才能做好，难度最大。

对自我行为习惯的关照几乎是一个禁区。一般情况下，只要人家说到我们的缺点，即使明明知道自己有过失，大多时候我们还是习惯马上把它包裹起来，把自己保护起来，声辩说这不是我的缺点。

佛教最大的优点是，它最先叫我们反省的不是身体和言语，而是主张先反省自己的心灵，因为心是始作俑者。

如果你想有进步，必须得先学会反省。

我们言语有问题，人家挑剔了，我们就要先从自己身上找原因："是我自己没有讲清楚。"这种内心活动就是一种反省，然后才是想办法去纠正。走路的规矩、穿着打扮等等行为都应该加以反省。所以，先要学会让心知道并接受别人的观点"这是对的"，然后再往外发展。思考并纠正，接着行动。这种由内往外散播出来的东西才是最真实的深层忏悔和反省。

我们经常开玩笑，形容一些人做表面文章是“美国大兵想装英国绅士”，怎么装也装不像。贵族家庭出身的人，他的绅士气息是与生俱来的，生来就带着绅士基因，也就是佛教讲的，他是带着业力来到这个家的。再者，他外在的做事方式是祖辈很多代人形成的模式，他从小受此熏陶，所以渐渐形成了独有的绅士风度。即使某一天贫困潦倒，没落成贫苦人家，从他身上发出来的贵族气息还是在的。如果没有这样的从小经历，只在外表、穿着、语言上改变，假装绅士是装不像的。所以我们反省自己，一定要从内到外，全面进行。

我们做任何事情，都要从心灵开始改变。由心去转变我们的言语，由心去转变我们的行为，才是从根本上的反省。

忏悔时要有依靠

忏悔的时候，让心先有个依靠。比如我做错事了，我愿意跟好朋友讲，因为我觉得朋友靠得住，朋友就是我的依靠。

佛教讲一定要有依靠。我们可以在我们的依靠前忏悔反省。

这样的好处就是：第一，能保证先把自己的错误说出来，也就是一吐为快；第二，还能保证所犯的错误让自己依靠的人知道，就能起到约束自己、不再犯错的作用。

如果只是内心想说“我做错事了”，不告诉别人，下次再犯错，因为没有人知道，只有自己知道，就是做错了，因为没有约束，马上就会原谅自己。如果犯错后告诉了别人就会不一样，别人看到你错了，就有可能告诉你：“你上次不是说自己做错事了，不再错了，你怎么又犯了？”这种善意的劝告就会成为我们不再犯错的最好约束。所以，很多佛教徒做了错事愿意找佛做靠山，在佛像前忏悔。

在犯错后，找到一个最信赖的人去倾诉，就是找到了一个依靠、一种约束。按照这个循环下去，所犯的错误慢慢就会改正。这种心态我们称为“佛教徒心态”。也就是说，宗教徒可以靠信仰改变自己、修正自己，没有信仰的人也可以靠最信任的亲朋好友来帮助自己反省和纠正。

清净内心的秘诀

想真正反省并让自己进步，还要靠意志力，或者叫做定力。

一个屡犯错误的人会不会变成一个心灵高贵的人呢？会的。就看我们有没有这样的恒心了。如果每次犯错，人家知道你没有定力，改变不了自己，等再犯一二三四次以后，你还没有改变，人家会笑话你。这时我们就把自己降到一个很低的层次，一点都不高贵了。

人的高贵是从哪里来的呢？是从我们对自己所犯错误的反省和改正约束当中产生出来的。这种心灵的高贵是靠约束自己而显现。对自己当下的错误行为采取的有效约束越多，也就越能够真正反省错误。

犯了错，别人知道了，会说你，而你为了怕被别人说，就会想办法约束自己。在这样反复的过程中，经过反省，每次犯错的间隔会越来越长，反省就越来越有效，每次反省时产生的力量也会越来越大。最后成习惯，会发展到自省——在这件事发生之前，我就先过滤掉它。我这样做到底是对还是错？真正的错，它有什么严重的后果？要反复全方位多角度去思考，这样犯错的机率就会越来越小。

忏悔最大的好处，并不是说犯了错、懂了错就可以了，而是知错，到约束自己不犯错，直到这些错误离你越来越远。这是修正错误最好的方法。

一个人如果知道自己的缺点，即使他是个没有任何地位的人，哪怕一事无成，随着他的反省，别人看到他身上的那种自省能力，就会显得越来越高贵。很多时候，人的贵族气质、高贵的力量，就是从内心当中产生出来的。我们会发现，这种反省的力量是建立在不伤害别人基础上的。不伤害别人的人，他心底的爱就很容易产生出来。

人内心有两种力量最有爆发力：一种是带着恨的力量，一种是爱别人的善的力量。如果任由恨的力量爆发，就会对别人造成伤害。我们如果懂得反省，恨的力量就会因为我们的反省而转化成爱的力量，当这种力量用在关爱别人的时候，就会产生很多正面的效应。积极反省自己，保持正面力量，就是我们最应该做的事。

我们喜欢洗身体，为什么就不喜欢洗心呢？所以要悔过，要洗心。我们洗刷自己的身体，就怕人家说我们形象不好、不讲卫生，注重表面多一些，但很少有人去洗心，也就是只革面不洗心。

洗心有什么好处呢？

好多人犯了错后，放在心里。错误就像一个毒瘤，让我们随时随地想起来,都会很不快乐。我们明知道它是不快乐的事，但碍于面子，碍于自我的执著虚荣，也只能窝在心里。很多时候，我们内心当中忏悔了，别人也不知道；没有忏悔，别人也不知道。但是，当错误摆在那儿，就变成发了霉的东西，让我们的声音发霉,让我们不快乐。当这种不快乐的心情产生出来，与人相处就会造成很多负面的力量。就像一个腐烂的东西在屋里发出臭味，让我们呼吸不顺畅，讲话也不顺畅，让我们身心疲惫不堪。接下来产生出来的，给外人相处当中的感觉也全都是负面的。于是容易发脾气，容易暴躁，担心别人揭露自己的缺点；只要触到缺点，我们就容易爆发。也许别人都没有想到这么多，而是他就怕别人知道自己的弱点。

对佛菩萨的忏悔也好,对我们周边的亲朋好友讲一讲也好，诚心诚意反省，只要讲出来，你就会发现这个毒瘤气已经放掉一部分了，慢慢地让我们身心感觉很快乐。为什么有的时候人们总是想找个人倾诉一下？实际上就是心灵上想有所依靠。

当你的心忏悔过，突然释放了。本是负面的力量，被你放完，就像房间里本都是浊气，现在你把窗户打开了，新鲜空气进来了，把浊气换了，身心里的很多杂念也都换掉了，人的精神和心情都会非常好。这种跟人相处时表现出来的阳光面，又会给我们带来很多正面的力量。

一个人懂得反省，经常能够找到自己缺点，很多人是愿意和他结交和相处的，相处时也会是真心真意的。物以类聚就是这个道理。身心都坦荡，能经常反省的人长寿，会找到一群有这样力量的人。这样气场就吸引过来了。所以，有些团体，你接触了后，会越来越想接触，因为它有种正面的力量吸引你。

如果不是一个能够忏悔的人，经常把很多事情放在心里，不找自己的缺点毛病，天天埋怨别人，我们就会发现他身边有一群和他一样的朋友，见面时每个人都在讲自己遇到的困难、痛苦，然后埋怨。讲来讲去，你影响我，我影响你，大家到最后就是一个“怨团”，一个只会埋怨的团体。这样的“怨团”只会招来对我们不利的负面东西，长久下去很多消极的情绪就会影响到我们的生活。

所以，正确忏悔会对我们的身心有极大利益，会产生很多积极的力量。通过忏悔，产生真心向上的念头，会有奇迹产生。只要我们有心忏悔，内心都会清净。

佛教里有很多教我们如何清净内心的方法，如果在生活中善于应用佛法，佛法就像调味料，无论放在何处都会使一切变得美好起来。

精进就是要像一头很饥饿的牛吃草一样，嘴里吃着草，
眼睛还一面看着四周，不停地寻找下一棵草在哪里。

第五章 精进

欲成就者小贪

精进者能压垮山。这种说法有些像愚公移山，似乎有点夸大，其实一点也不。其实我想说的是：人如果有坚定而不退转的信念，用在任何地方都可以产生巨大的力量。

在我们从小到大的人生历练中，任何一件事情包括牙牙学语、走路、吃饭、读书等等，都需要一种努力的态度和精神，努力面对任何挫折。精进，就是我们要努力追求自己想达到的目标和愿望。精进，还有另一种说法就是专注。

很多人认为佛教是一个消极的宗教，主张任何事情都不追求，都随缘。这个观点是错的。这个世界上有两种信仰几乎是“贪”到不能再“贪”了：一个是世界大同的社会，那里没有压迫者和被压迫者，没有剥削者和被剥削者；再一个就是佛教讲的极乐世界，没有人是官，没有人是民，众生都是平等的，人不需要去累积财富，财富就在那里放着，大地铺满黄金，到处都是金银财宝，没有痛苦没有烦恼没有忧愁。佛教追求的极乐世界，这种“贪”是非常大的“贪”。而这种大贪心理就是精进的表现。

连佛陀都讲“菩萨欲成佛者小贪”。佛经讲的这个“贪”其实就是我们常说的“愿”，跟我们世人讲的贪婪有很大差别。这个“愿”是个非常美好的愿望：一个人努力工作，就是为了让他一家人过上好日子，每一个家庭成员都和谐，这些需要付出非常多的努力。在这个努力过程中，他需要承受挫折、困难、痛苦等等。如果他能够不离不弃地坚持努力，那么他的家庭就会圆满。一个家庭逐渐圆满的过程，是可以让整个社会和国家都去效仿的。如果效仿，整个社会和国家都会改变。

人要精进，就是要努力追求一个目标。比如，为了身体的健康，努力让自己的身体经受各种锻炼，或是让自己的心灵接受一些净化的训练。锻炼身体、净化心灵都需要精进努力，坚忍不拔，才会有收效。

我们在工作中或是在与人相处中，需要把自己最美好、最善良、最努力的那一面展示出来，这些是用精进的态度努力付出后才能做到的，在彼此付出的过程中才会产生良好亲密的关系。

有人把精进比喻成像一头很饥饿的牛吃草，嘴里吃着草，眼睛还一面看着四周，不停地寻找下一棵草在哪里。

精进，不是贪婪

说到精进，就不能不说说贪婪、贪念。

简单来说，贪念是指为追求某一事物而持有不惜伤害自己及别人的念头。世间人如果在追求财富、健康和权力的过程中对别人造成伤害，这种伤害就是因为贪念而起的。因为有贪念而贪婪，也会让自己饱受痛苦和心理煎熬。

精进是什么？就是我们在为每件事做出努力，付出很多的辛苦劳累，这个过程还不至于让我们产生痛苦，也不至于让我们产生烦恼，更不至于让我们把痛苦带给别人。总而言之，就是不会把我们所谓的成功建立在别人的痛苦上。简单来讲，精进跟贪念最大的不同：在能够自己受益、对别人有益的情况下，努力而不放弃，就叫精进。

这就需要我们有高度的智慧，通过自己理智，判断事情要用多重角度思考。一件事情我们这样做是对还是错，还是对错都有，或者无论对错可能都不会发生，要有很多种思考。这种思考不是靠个人单一的力量就能完成。负面的进化与正面的舍取拥有，大部分是靠两种学习来完成的：一是靠我们在书本中和不同的宗教信仰里学习，另一种是在社会上和别人接触中学习、模仿。

穿着盔甲去打仗

人往往会低估自己的力量，当遇到一些困难就觉得没办法往前进了。有时候，一个小的挫折很容易打击到我们。佛教里讲的精进又是如何克服这些问题的呢？这就好像一个战士，仅仅拿着兵器去打仗和身穿盔甲去打仗，这两种情况下的心境是不一样的。仅是手持武器，他便只是有很勇猛的心境去打仗，而穿上盔甲就有了防护，这样他能够打胜仗的信心也是不一样的。

为一件事努力争取，我们靠各自单一的力量是不够的，要很多的力量团结起来才能成功；这就像是在无形之中穿上了防弹衣，就不再怕别人开枪，从而给自己增强了信心。

为什么有很多人需要信仰呢？其实人们就是想靠佛菩萨、神等的力量给自己力量和信心，从而使我们更有勇气去面对困难与挫折。人心有所依，在我们的现实生活中是会收到实效的。

氛围

很多时候，人的精进不是通过自己努力就可以成功，还需要周围人的肯定。

就像我们对小孩子的教育，小孩子跌倒，我们如果只指责他“你怎么这么笨，怎么跌倒了，你看你多笨”，孩子从此就越来越没信心。如果我们告诉他“你是非常勇敢的，自己爬起来继续往前走，再跌倒，再勇敢爬起来，你爬起来了，你是好样的”，这种鼓励对孩子来说效果一定非常好。

我们努力精进去实现自己的目标，必须有很多的力量，这种力量来自于哪里呢？小时候，是来自周边的亲朋好友、老师，再以后就是我们所信仰的某一种文化或宗教了。我们的信仰会产生强大的力量，在努力实现目标的过程中会非常有效。

我有一个师弟，几个人里他书读得最差，背书也最差。我们一小时的课程，他要上三四个小时才可能学会，我们就觉得这个人以后不太可能会成才。但是，他特别用功，从不气馁。我们一小时学会了，其他时间就去做别的事情了，但他还在努力用功,不停地重复。我们的老师也非常好,每天都鼓励他:“你不会没关系，他们一小时学会了，你三小时能学得会，你只要花三小时就可以跟他们一样了。”师弟经常受到老师这样的鼓励，他长期这样用功，努力精进。我们自认为比他学得快、学得好，现在二十多年过去了，回过头来再看，他已经是我们这些人中最有学问、知识最渊博的人。这就是因为，他对自己有一个坚定的信念，并为这个信念努力而不放弃。第二个原因是周边人对他的鼓励，一个好的老师不断地鼓励他，让他越来越对自己有信心。如果老师告诉他“人家花一小时就学会了，我为什么还要花两三个小时在你身上”,那这个学生就废了。所以，一个好老师的鼓励，造就了一个佛学大师。

通过我师弟的例子可以看到，精进努力只是成功的一个方面，别人的肯定也非常重要。当然，在周围人肯定之前，我们先要肯定自己。如果我们总是等人家肯定，那又如何获知别人是否会肯定你呢？如果没有人肯定我们，是不是就该放弃呢？别人所讲的对我们有帮助，但这不是重点。做任何事情就像登山，最艰难的是最后那几步。我们经常会说最后那几步你坚持一下就可以跨越过去了，最好的情况是，在这个时候有周边的力量能够帮助我们走完这一程，效果就会非常好。

我一直认为，精进不是靠个人的力量就能成功的，必须要选好良师益友，而能够成为良师益友的就在那些能够与我们好好相处的人里——当我们有需要的时候他们会愿意付出。

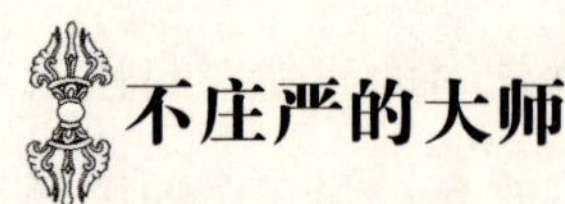

不庄严的大师

11 世纪时印度王子阿底峡尊者到西藏，为了帮自己增长福德，他就拿一个做佛像的模型，每天拿模具用泥土做“嚓嚓”（起源于印度，是一种微型雕刻品，多以浮雕、线刻表现佛教造像），来印小佛像和小佛塔。弟子们看到上师每天抓土，用的又是粘土，觉得上师的手是脏脏的，衣服也脏脏的，不好看，于是就跟他说："上师，您不要做这些事情好不好？这些杂事留给我们来做，您多休息，我们帮您做就好了。你这样很辛苦，别人看了也会觉得这样不庄严。"阿底峡尊者就说："如果是这样，我吃的食物是不是也可以请你们帮我吃？"大家就被上师的态度吓住了，因为他很少这样严肃，然后阿底峡尊者又说："这是我为自己在累积资粮，怎么可以交给你们来做？"

成佛之前，就是要努力精进修行，累积福报，让资粮往上增长。如果有好的智慧，但精进度不够，你就是一个平凡的修行人。如果你没有很高的智慧，但有很强的精进心，那么最后也会成为好的修行者。

在我们身边也有这样的例子。小时候我们很多师兄弟看起来傻乎乎的，但是别人交代他办一件事情，他总是非常努力地去做，别人停下来了，他还在那儿做，最后往往成为大成就者。当年聪明的人往往仅成为了学者。

吉美林巴大师曾经讲过：无精进之士，不能到彼岸，犹如商人舟，桨坏必翻覆。

精进的一种境界

什么是神通？自己不了解的领域或者还没有渗透的领域，对我们每个人来讲都是很神秘的；如果有人能够在他的领域精进专注，做好事情，有创造，在我们看起来他就具备神通了——其实就是精进到一定程度会达到的一种境界。

很多时候，把有的变没有或者把没有的变有，就会被当成是神通。从思想层面讲，如果有两个人站在这儿，我来想你现在想什么，对很多人来讲这完全是谬论，是不可能的。但是，有没有这样的能力存在呢？事实是很多人会有。如何能产生这种能力呢？平常我们的思想是分散的，只要把所有分散的思想集中起来，形成单一的力量，就会产生强大的力量，就可以做得到这点。

先不要想别人能不能看透我们的心。比如一个醋意非常浓的女人，她先生在外面所做的事情她几乎都能猜得出来，但男人会全部否认。我曾经发现，醋意很浓的女人会很刻意观察丈夫在外面的行为，每天都在想，当这个念头集聚起来形成一条线，靠心灵的感应，就能把他的行为猜出来，特别是他做的坏事，这些女人都会知道。这实际上就是一种神通。

就像父母老想着孩子，对孩子做的事情也有预感。

人的思想本来是很分散的，一旦形成一条线，思想的力量能够渗透很多东西,可以把对方的心事看清楚。这是心的力量。现在很多人搞胎教，胎教其实就是婴儿靠自己的思想跟外界相连。婴儿的身体器官没有成熟，依靠心灵感应，胎教才能完成。

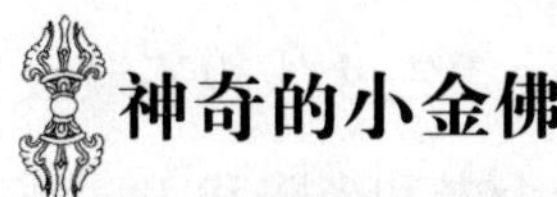

神奇的小金佛

我曾经遇到过所谓的神通故事。

我 17 岁时，在四川康定跟师父读书。冬天，已经很久没有下雪了，泉水也停了，找不到水，我们要到七八公里远的地方去找水喝。很多小喇嘛因为找不到水而空手回来。有个人告诉我，有个地方有冰没水，我第一个念头产生了——冰不就是水吗？我就自告奋勇去找水，跟其他几个喇嘛一起，到一个悬崖峭壁边，在那儿看到长长的一层冰块沉积在悬崖边上。我就想，如果把冰敲碎，放到茶壶里，融掉就会变成水。在一般地方找石头很容易，在草原上找石头很难。我看到悬崖边有个缝隙，本想把这个缝隙的石头抓过来，敲碎冰块后再把石头放回去。当我把手放到石缝里，奇迹发生了，那个石缝就像门一样打开了。我看到有一尊佛像金光闪闪地坐在里面。我当时没有一点贪念，心想佛像在那儿肯定有他的责任，我只拿起佛像旁边的石头，用石头把冰敲碎放在茶壶里，又把石头放了回去。因为怕别人把佛像偷走，所以用石头又把佛像挡了起来。

回到寺庙，我跟师父讲了佛像的事。我让师父打听是谁把佛像忘在那个地方了。师父说，怎么可能是人家丢弃的，你赶快去把佛像拿回来吧。那时候已是傍晚，我一个人也不敢去七八公里远的地方，山上有狼。师父派两个老和尚陪我去。到了那儿，一看那个悬崖缝，还是那样；我就把石头挪开，把金佛拿出来，放到袖子里。等我再把石头放进去，奇迹发生了，石头好像被磁铁吸过去似的；再看，连缝隙都找不到了。至今我都百思不得其解。

石头上的抓痕

以前在我的家乡有个非常有名的修行人，叫丹吉喇嘛，我家小叔去见他的时候，当地正在盖庙，石墙已经砌得很高了，有个石缝里面没有放满泥浆，这个老修行人就抓了把泥浆往缝中撒。我小叔跟他讲要请教一些事情，问他能不能回僧房一下；他答应了，就让一个小师父拿块石头过来。小师父拿了一块石头给他，老人家因为手上都是泥浆，就用石头擦手。然后，小师父把石头放在地上，这时，小叔惊讶地发现，石头上竟然有手的抓痕。

神通是存在的，只是我们现在的世界还有很多无法解释的现象要等我们去探索。如何看待神通，要有一个正确的态度。现在有很多人拿所谓的“神通”去妖言惑众，怪力乱神，这是不道德的。直到有一天，等到大家能够真正了解神通的涵义以后，就会觉得神通并不神秘。佛教里讲因缘，什么叫有缘，就是要恰好天时地利人和，因缘全部具足，也许就有这样神秘的力量。

我们一窍不通的东西，由别人创造出来，我们就会觉得那人有神通。这不代表人人都可以达到。即使我们拥有了神通，也要量力而行，要明白自己需要的是什么。如果真的得到了，能够给我们带来什么；同时，我们也要清楚，我们自己能够承担的究竟有多少。

让自己的潜力发挥到极限，是神通；从无到有的创造，也是一种神通。

心的力量是无穷的，这种力量综合起来，可以创造出很多东西……

第六章 心与愿

利他

在蛮荒时代，一个部落和另一个部落没办法用语言沟通，一方往往就会把另一方当成野人，不惜杀死对方，再拿来祭天地鬼神。后来语言上能沟通了，大家就发现，人之间没有太大差别，不论种族、肤色和区域，对快乐的需求和对痛苦的排斥都是一样的。

既然大家的需求是一样的，人与人之间就应该学会尊重彼此的需求。佛陀讲过，佛教徒要有利益一切苦难众生的菩提心。“菩提”这个词源于古印度梵语，是净化烦恼和拥有智慧的意思。

菩提心就是完全从利他出发的心愿。“菩提心”就是说要把身上的毛病缺点清理干净，让自己的心拥有所有的优点。用这样一种拥有绝对智慧、绝对慈悲的心态，让自己达到离苦得乐的心境，也让所有的生命不再恐惧痛苦，达到快乐。所有的众生，只要有烦恼痛苦，我们就该尽自己所有的能力去帮助他们。这里的众生不仅仅指人类，包括了地球上所有的生命体。它广到我们要利益的，除了现在肉眼可以看到的一切生物，还包括我们现在肉眼看不到的、另外一些空间的生物；不仅涵盖了现在人类科学能够认证的生物，也包括了未来科学要认证的、其他的可能比我们人类更高级的生物。

从某种程度上看，“为人民服务”和“利益众生”异曲同工。社会上提倡全心全意为人民服务，佛教讲的要发菩提心，这些出发点都是好的，重要的是如何把这些心愿落到实处。

世界上没有一个人能够做得到全心全意地为众生做任何一切事情。唯一做得到的是什么呢？就是用我们的心去想，如果有人需要帮助，我们尽自己所能去帮助，这是我们做得到的，这就叫做强大的发心，发出一个善的念头、善的愿力。

作为普通人来讲，对家人发这样善的心愿很容易，可以全心全意奉献，特别是父母对儿女，或者有些不错的儿女对父母，都能做到。延展到对我们周边的亲人、朋友，乃至是周边不太相关的人，我们做这样的事还是比较容易的。

但是，如果遇到我们不喜欢的人，特别是我们的仇人，工作上的竞争对手，政治上的竞争对手，甚至是在我们做事时造谣生事、恶口伤害我们的人，我们做对了事情他也不认同的那些人，想要发出全心全意为他们服务的愿望是非常困难的。

从心开始成功

我们无始以来就是以自我为主，所以常常习惯说“你这里不对，那里不对”、“这我没有兴趣，那个我很有意愿”等，这些都是以我为主，所有的烦恼通常是围绕着自己在打转。

有什么方法可以从自我这个笼套中解脱出来呢？当然是有的。我们要能换个角度，常常替别人设想。这种心态最好是从自己亲人开始发起，慢慢往外，愈发愈广，愈大愈好，让我们形成这种习惯，就会成为我们常说的“发菩提心”。

我们在发菩提心的当下，就会解脱本身的自我。要想在“自我为主”的牢笼中解脱出来，唯一的方法就是发出菩提心来先度自己，然后达到度化别人、利益大家的目的。能发出菩提心就是一个大善巧的法门。

佛经故事：有个船长，遇到强盗要杀船上的500个商人。船长明白这500个商人都是修行者，都快要成罗汉了，他们有能力杀掉强盗。可这是杀生啊！接着他又想到，如果强盗杀掉500个快要成就的罗汉，那他会在地狱受无尽的痛苦……不如我来下地狱好了，我杀一个人还比较早一点脱离地狱之苦，他杀500个即将成就罗汉果位的人就要等很久才会解脱。因此，船长由对强盗产生很大的慈悲心而杀了他。佛祖后来说，这位船长要花三十劫时间累积的资粮，在那一刹那间就累积完了。

船长当时针对强盗发出了菩提心，得到这么多的功德；如果我们针对所有天下众生发菩提心，力量更是不可思议，未来的功德更会往上增长。

有人说，我现在没有能力利益众生，这样发菩提心是不是说空话了呢？其实不是。释迦牟尼佛对阿阇世王说："你身为国王，忙于国事，没有很多时间修法，只要你从今以后，时时刻刻心里想为众生究竟解脱而利益众生、度尽众生，虽然没有办法实际去做,但这种福报之大,用虚空做的容器也无法容纳。"

任何事情的成功都是先从一个愿望和一种发心开始的，先想才能做。

发挥"心愿的力量"

佛教主张以心为主导而产生物质，但这不代表不要物质。

佛教一直以来被称是"心的文化"，是"内教"。佛教把人的意识能动性作为最重要的成分来看。任何事情在实现之前都要思想为先，先有愿望才有事情的成功。

因为我们要住房子，大家然后才去积极行动，盖起了房子。现在我们看到飞机、航天飞机等所有的高科技东西，无一不是人们的想象力发挥到极点后才有的产物。发明家在他的发明实现前，都是别人眼中的疯子、傻子。

一个人的愿力、念头很重要。人的思想力量是无穷的，这种心的力量综合起来是可以创造出很多东西来的。要造一所房子，靠我个人的力量不够，得借用别人的力量，组合起来就有力量了，然后找到钢筋、水泥、水源，把它们综合起来，可以盖高楼大厦了。这些都源于我们开始的一个念头。

佛教告诉大家，做事之前先要想清楚，念头准确了，然后才去实施它。

由此我们再延伸开来，人要经常反省。为什么？因为我们身体的动作、讲出来的话语、起心动念，如果不观察，不反省起心动念,我们的手脚就会做错事,嘴巴就会说错话。这个“念”主控着我们的眼睛、耳朵、鼻子、舌头等感官。而这个“念”又让我们的感官对事情有了二元对立的看法。

佛教又告诉我们，看待事物的角度有多种。以前我们没有太多对自己的“心”专门训练的经历,看待事物往往是二分法。看任何东西，不是白的就是黑的，不是对的就是错的，不是忠臣就是奸臣，不是好人就是坏人，没有中间的人。

按照佛教的说法，当我们眼睛看到颜色，我们习惯是在脑子里先分析一下，这个颜色不是白色、不是黑色，那么肯定有蓝色、绿色、黄色、紫色等其他颜色，也可能是黑白混合色，也可能是蓝绿混合色。如果别人看到的是负面的东西，我们就想可能还有正面的东西。多角度思考后，我们就会正确地看待任何一件我们眼耳鼻舌身体接触到的东西，这种接触的结果，就是我们会认识到很多事情不仅仅是对错黑白那么简单。我们的心，学会了平等看待。

事情有正面负面的，有对的错的。如果我们没有仔细思考，就像我们看到硬币的正面以后还想看到硬币背面。那是谁在想？是我们的大脑去想的。是我们的“愿力”,也就是“念头”在起作用，念头想让它往硬币的背面扭转。

硬币有正面的部分，也有背面的部分；朋友不可能永远是朋友，他今天讲我们好话是一个好人，是一个我们最喜欢的人；明天随着他的情绪变化，他开始讲我们的坏话，我们有可能认为他是个坏人了。难道他昨天是坏人，今天是好人吗？不是。那他昨天是好人今天是坏人吗？也不是。他身上具备讲你两种话的能力，也许明天他沉默不说话，就变成中间人了。所以我们要学会正确看待这些事情。有人今天是你最讨厌的一个人，明天就又变成一个对你最好的人了；你现在讨厌他，认为他是你的仇人，也许哪天他就变成你的救命恩人了。今天是我们最好的朋友、最亲的人，也许以前他就是我们最大的冤亲债主。

把让心生病的“毒”变成治疗心病的“药”。

第七章 心会生病

毒品与毒药

所谓的五毒，在佛教中是指贪、嗔、痴、慢、疑五种不良情绪。

为什么佛教习惯用“毒”这个词？

我们知道，“毒”并不是绝对的坏处，很多所谓的毒药，在专家们的恰当运用下，对治疗很多疾病有很大帮助，如吗啡就可抑制疼痛。但是过量，或非必要的，产生依赖，带来的就是危害。我们如果控制不了自己欲望，泛滥使用毒品，不但自己会受到伤害，家人和朋友都会因此受到伤害。所以，人们听到“毒药”、“毒品”这些词，就非常反感，很厌恶。

毒品和毒药给社会带来的危害是外在的。我们常常忽略掉了所有生物都具备的“毒品”性质，不是外在的，而是隐藏在内心当中。这就是佛法里讲的在人的内心中存在的贪念、嗔恨、妒忌、傲慢、疑心病等五大毒品，它是心理毒品，如同吗啡、白粉，如果处理不好，对人的伤害会非常大。

贪念

常人总认为佛教是宿命论，教人什么都放下，不要贪，都不要去争，命中注定什么就去接受什么。其实是误解，佛教其实一直在告诉人们要“精进”，要“贪”。

在佛经描绘的极乐世界里，遍地黄金，宫殿铺满金银珠宝，人们没有疾病，没有烦恼忧愁，平等相处。大家在极乐世界可以享受美妙的修行，每个人心里都充满了欢喜，只要念头里想到什么就拥有什么。佛教徒都希望去那个地方，都希望成为完全开发的觉悟者，便知一切，对人世间的万物万象都了如指掌，而又不受那些世间的诱惑。人人都想达到这种具有高度智慧慈悲的境界，这不是“贪”是什么？所以，并不能说佛教只告诉人们不贪。

那么，现在我们为什么又要把“贪”称为毒品呢？

为满足自己的意愿不惜伤害别人，也不惜伤害自己，这就叫贪欲。

人们的贪念是与生俱来的。一个婴儿刚一两个月就知道用他喜好的方式，如假哭的方式、笑的方式，引起别人对他的关注，他就会得到呵护和他想要的一切。

我们来到人世间，很多时候是在等待中度过，等待中我们在努力，等待我们想要拥有的，为了拥有一些东西而去付出。人类在生存的过程中要保持正常的生活，必须满足一些基本的生活需求，除了食物、衣物和药品，还应该拥有健康的身体和比较长寿的生命，更需要有个健康的心灵。等这些拥有以后，人们才应该去追求额外的财富、空闲的时间、权力和自由。

什么叫“贪”呢？我们说的一个人在世界上寻找生活必需的东西不叫“贪”。我们一日三餐没有问题，但很多人还是没有安全感。有的人还算有经济能力，为了预防未来的天灾人祸，囤积很多的粮食，家里的粮食永远是足够吃三年，于是吃的永远是已经过了三年的旧粮食。还有比较可笑的是，有的人很担心自己生病，就囤积了很多的药品，几乎把药店卖的所有药都囤积在家中。人的这种“囤积欲”不叫“贪”，通过引导还可以走向正面。也有人总是未雨绸缪，内心暗示自己总是往负面的方向去想——没有生病的时候等待着生病，饥荒还没到来就等待着饥荒的到来。这也不算是“贪”。

究竟什么是“贪”呢？现在我们很多人，为了自己味觉的一点点感受，就想方设法吃山珍海味，不惜为了自己的舌头去伤害别的生命，杀死野生动物，杀死鲸鱼、鲨鱼、鲍鱼等。真有那么大的必要吗？这些肉真的就好吃吗？不一定。很多人为了满足欲望，东南西北到处飞，就是为了吃一顿饭，为此很多动物的疾病就带到我们身上来了，让很多传染病蔓延开来。这种为了味觉而进行的一系列活动就是贪念在作怪。

一个人有挡风遮雨的房子，有代步的车子，这很好。而无止境的贪念会让人希望有好多栋房子，车子也要越高级越好。有人认为这就显得“我有钱，我有福报”。而天底下的钱都不是白来的，就像我们存在银行里的钱，是我们努力赚来的，总归是会用完的。

好多人为显示自己的贵族气，戴名牌表，每天换不同的车子，买衣服不是因为他要穿衣服，而是为了他喜欢买而买。这种贪欲的另一面是人心极度的空虚。你今天在名牌店里买下所有衣服，人家明天又会设计一大堆好衣服，一辈子总是买不完的，因为买不完永远就会有失落感，永远都会有空虚感。那种痛苦，就像大象洗澡，天气热的时候跑到泥浆里滚一下就感觉很舒服，但在泥水里待久了也不舒服，等到爬出来，太阳一晒，身上的泥浆干了就会裂开，扯着身体。买东西也一样，买到的一刹那很舒服，过后也会空虚。

我曾经接触过一些有名的国际商会组织，认识很多富人。他们玩股票，会无止境地把钱投到股市里，赚钱的时候很高兴，但从不会把股票里的钱拿出来用，都是这边掏自己的腰包去吃喝玩乐，那边股票跌下来后每个人都愁眉苦脸。金融危机后，大家都说，大师啊，早知道就把这些钱捐给你了。我说，知道你有这份心就很好了，现在“绿油油”一片，你捐给我已经没有用了。所以，很少看到炒股票的人在股票大涨时把钱兑出来拿来花，那边股票涨了，这边就掏钱庆祝，钱包还是在缩水，这些也只是欲望的短暂满足。要知道，即使现在你富有，但是不能保证一辈子总富有。我们周边好多认识的人，前几年还是榜上有名的富豪，如今不是变成阶下囚，就是过劳死。富豪榜上的人上来得很快，消失得也很快，不要说一辈子，短短的十年里就有多少人从上面消失了。好多人因为贪婪而偷税漏税，拥有了很多财富还想坑国家、坑社会，最后变成阶下囚，自食恶果。这样的例子举不胜举。

人要懂得珍惜。

我们看到，全世界富豪人群里，可以维持很久的这些人，大部分都是有良心、有道德的企业家。对国家，他们愿意付出自己的责任，对员工、对社会都愿意付出。这样真正有道德的人，他们花在自己身上的钱实际上是少之又少。喜欢挥霍的那些人，因为喜欢挥霍而贪，他们不但想要拥有更多的钱财，还希望拥有权力；拥有了权力，又希望拥有别人的赞美。这样的人没有明白，一个人受到人们的尊敬是因为他对社会的奉献，如果通过砸钱做广告做形象工程的方式让大家关注，就会是昙花一现。一个人不能诚心诚意为社会奉献，就会在虚幻当中过日子，他的心灵是贫穷的，不可能是个富有者。贪得无厌就是心理贫穷的一种表现。

很多人认为只要有钱就富裕了，其实不是。内心的贫穷导致他会想方设法，为了满足欲望，不惜伤害自己所在的环境，破坏大自然，破坏山川江河。甚至整个社会都会在他一个人欲望下付出很大代价。而对社会造成伤害的人，最终都会自食其果。

每个人都害怕贫穷，因为大家以前都穷怕了。当我们拥有财富的速度太快，以至于都不知道，没有想清楚这些财富的源头到底是在哪里，甚至忘了自己的责任。一个企业的成功，一个人的成功，往往是很多人付出努力以后的结果。我们所拥有的一切都来自于四面八方，需要去回馈，如果不懂得这一点，我们所拥有的很快也会失去。所以我们所拥有的这些，像水一样，可以载舟，也可以覆舟。

大到对社会、国家和环境，不能因为对某些事情的过度参与而放弃自己的良知和责任；小到一个家庭，也是如此。人与人之间的相处，对别人的付出永远需要有感恩的心——不只是想索取什么，还要多想想我们为别人付出了什么。

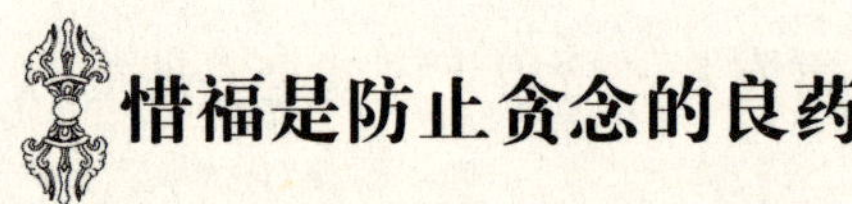

惜福是防止贪念的良药

贪婪的最严重后果，就是让人无止境地去想别人为我付出了多少。这样容易被所谓的成功冲昏头脑，变得不理智。

我认识一个公司的管理者，他每天思考的问题就是：别人到底给我创造了什么？作为一个员工，在我这里上班，你给我创造了什么东西？你作为一个主管，你在这儿给我创造了什么东西？他不是客观地想：作为这个公司创始人，我为自己创造了什么东西？公司能有现在的规模是大家创造的财富与价值，我只是一个暂时的保管者、临时的使用人，我怎么把这种使用权跟员工分享？他从来没有去想这些，只想到“我是永久所有者，你们只不过是在我的恩惠施舍之下生存的寄生虫而已”。他为这种想法付出了惨重的代价。当然，通过反省与修行，他也懂得了应该感恩大家，因为没有大家不可能有他的辉煌。

在家庭里，很多夫妻也是如此。如果先生很愿意付出，太太可能就知道索取，而且挑三挑四找毛病。所有人都认为她先生已经完美到不能再完美了，但在她眼中永远全部是缺点。为什么？因为先生能做到的，对太太来讲已经习以为常了，太太现在只看先生做不到的，而且总希望把先生改变成她想要的样子。这就可能导致先生在忍无可忍的情形之下离她而去。这就像一个球，弹一会儿，慢慢把它放地上就可以了；如果你用脚去踢它，它肯定会离你远去。这时很多人才发现——啊，他以前是多么的好——这才开始反省自己。

有的先生对太太也是如此，要求一切尽善尽美，希望在家里太太是个佣人，出门时是可以炫耀的花瓶，生意上最好是得力的助手，就像孙悟空七十二变，什么时候都能变成他想要的人。每个人都有这样的欲望，而且总希望在最快速的时间内让对方变成自己想要的那样。如果愿望没有满足，内心的不满足就会因此带来后遗症，导致人与人之间失去尊重和感恩。

所以，人需要让自己内心变得充实，这种充实是通过感恩得来的。我们从小就被父母告知，粮食是农民在田地里付出勤劳才得来的，所以不能浪费一粒米。我们就是这样做的，到现在，一粒米饭掉地上都会把它捡起来吃掉。不是做作，是因为我们从小有良好的习惯——知道惜福，知道感恩。

我经常对寺里的喇嘛们讲，每个人下午要固定修一小时的佛法，这一小时是属于感恩时间，要懂得感恩。我说，你们可以在这么漂亮的寺庙里修行，有美丽的山川围绕，温饱没问题，这是多少信仰你们的人付出的辛劳，让你们在这里好好地为佛法做事。所以要感恩，更好地学佛法，更好地弘法利生。

我们寺庙经常会有人来，有游客，有朝圣的信徒。我教导喇嘛们：对所有的人都要一样看待。不管来人的官位大小，来的是富豪还是穷人，既然愿意来，就表示他对这个地方是认同的。你就要感恩，他们来了，必须做好服务。什么样的人来了，你都应该好好地照顾他们。没有好吃好住没关系，有简单的地方可以住，有简单的食物可以提供。这样，每个来寺庙的人就会感觉到这里没有铜臭味，可以带给人祥和。我们寺庙的喇嘛就是用这样的方式传播爱心，传播对社会的感恩之心。来寺庙的人离开的时候，就会把这种兴奋带回到他的家庭、所住社区，这也是一种回馈。

人们愿不愿意为你做奉献，那是他的心态；你不能因为自己做了什么，马上就要求回馈，那是一种贪念。如果有人到寺庙来拜佛，是很正常的；如果他不是来拜佛，只是来旅游，你用想让他掏钱的这种心态来为他服务，那么宗教就是失败的。这就跟凡人开旅馆做旅行的场所没有什么差别。你是个修行人，要让来到庙里的人神闲气定。修行的地方就是能净化心灵的地方，先让自己的心净化好，然后才有资格告诉别人不要有太多的欲望。所以，宗教场所应该成为让人放松身心、净化心灵的地方，也是培养无限大爱的地方。

当然反过来讲，因为这样，我们得到的就会更多。当人家发现这里值得尊敬，我们所得到的是最高的。

如如不动的坚持

在我们生活中，如果老板呵护员工，员工把公司当家，老板就不会失去员工，他的事业一定会成功，而且会很长久，甚至他得到的不只是富有，还有别人的尊敬——他一定会从奉献当中得到了别人对他人格的肯定。

曾经有个领导要来，有人就跟我们招呼，说希望在饮食上做一些特殊的招待。当时我们跟他说，这里不分高低贵贱，我们拥有的，绝对去贡献，没有的，也没有办法做特殊照顾。如果真的需要，我可以送两份给他吃，只要他吃得下。如果你们自己拿来，叫我放在前面，那是可以的。但是，如果因为你是个大领导，就要我准备更好的，不太可能。这是我们的一种习惯。

有一个人从美国来到我们这儿，来了就说，在旅游杂志上看到游客可以自由地去你们寺庙，跟信徒一样，可以吃住在那儿，而且是免费的，他不相信，所以他来了。吃也吃了，他说要住我们也提供了，他觉得这是真实的。这个人来了表现却不怎么样，讲话不怎么文明，要求特别多，一会儿要加棉被，一会儿要加水，还要喝矿泉水，当然他的要求都不是很不合理的，能拿的我们都满足他了。走的时候他跟我讲：你的车能不能送送我？我说，单纯送你是不太可能，但是我要下山，可以载你一起下山。下了山，他又问我晚上住哪儿，说身上没钱。我说，我们有弟子开了家旅馆，我可以去打一个招呼，你去住一天。我把房卡给他办好，把卡给了他。他又跟我说第二天要到成都，没钱买车票，又问我要钱。我当时心里就咯噔了一下，后来还是给了他钱。他有点得寸进尺，不过想一想，若真的没钱他要走也没法走，我就买了一张票，还塞了点钱给他，我说你一路上总是要吃点东西的。然后就走了。

没过几天，有个喇嘛就说："有人打电话，不要寺庙的账号，一定要你的账号。"没过几天，我的账上真就打了两笔款进来，前后30多万。当时我也不清楚是谁给的，因为经常有弟子汇钱。过了几天，我接到一个电话，对方说"我打钱过去了"，我说

“你是谁啊”，他就哈哈一笑，说“就是上次去你们寺庙骗吃骗喝的那个”。他说：“我只是来看看到底你们是在讲谎话还是真话，因为现在这种地方已经很稀有了。我也不信佛，只是觉得好奇，所以来看看。我有钱，所以给你打一些；看你们喇嘛吃得不是很好，所以我希望你改善一下。”我说，并不是我不改善我们喇嘛的生活，我们本来吃得就简单。这是最近留给我印象最深的一件事。

贪婪的源头在哪里

很多灾难实际上就是由于人无止境的贪婪而产生的。

人如果不能反省内在的欲望到底是怎么一回事，就会经常做一些很不理智的事情。

有的人本应该是做人类灵魂的主导者，宗教师、社会教育家、医生等都属于这个范畴。但是现在由于很多人对钱财的执著，整个社会都乱了：有的老师在学校里该教的部分没有教完，为了赚钱就课后给学生做家教；医生给病人做手术没有红包就

不上心；病人不需要太多的药，医生为了卖药却拼命开方子。我曾经看到一则新闻：一个老人家病死在床上，大家发现医生给他开的药足够再吃五年的。

要经常观察内心，问问自己：我真的需要这些吗？我没有这些行不行？如果不行，我们可以努力；如果这些是额外多余的，不如把这些多余的给别人，让我们的生命越来越有意义，越来越有价值。

物质、权力带来的快乐是长久不了的，而且还会让身心变得不健康。这种不长久的快乐，我们就称它为“毒药”。

让人家感受到你的存在，由此明白自己生存的价值，这种快乐才是永久的快乐。

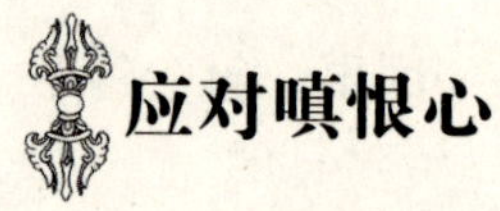

应对嗔恨心

我们都是凡夫俗子，都有七情六欲。

我们的情绪有的是与生俱来的，有时自己会掌控，有时无法掌控。有的人看着很好，就是爱发火，这种现象或许是因为他火气旺，以及身体上其他一些原因。

而我们要说的嗔恨，不是简单的发脾气。

发脾气有时候还是正面的，比如孩子不听话，父母责骂他，是善意的，是善心，是为孩子好。很多时候，我们会耿耿于怀一些我们所不乐意的事情。特别是在名利上，我们想要又得不到的时候，就会有不好的反应。

我认识一个演员，他想拿大奖，最后没有得到，因此对评审有些不满。这种不满多年来一直让他难以释怀，饱受折磨，但是有这种心理状态，痛苦的不是评审，而是他自己。

两个人争吵对骂，彼此用最恶毒的语言伤害对方。言语不带刀，却可以把人的心碎成一块块。之后会不会继续造成伤害，就要看这个人有没有嗔恨心。如果用幻想、回忆的方式，把跟人争吵时别人对你使用的表情、所用的言语、肢体动作全部表演一遍，然后又幻想他当时对我们的恶毒心态，就会让自己受到严重伤害。这种伤害其实是我们自己复制和人争吵的情景造成的，又用幻觉增加了这种情景的杀伤力，最后把自己伤得精疲力竭。其实伤害我们的不是对方，而是自己。所以，有嗔，有恨，不是别人伤害你，而是自己伤害自己。

嗔恨心的爆发力非常大。历史上很多国家之间争端，有时候就是由两个人的冲突延伸出来的，最后变成国际范围的灾难。

有的人因为小小的口角，就剥夺了别人活在这个世界上的权利。很早以前我在国外，有一位年轻的华人杀死了四个跟他毫不相关的校友。原因是什么？原来，他有天从饭堂出来，一个洋学生对他吹了一下口哨，他就觉得这个洋人在欺负他，有种族歧视，于是心里非常不平衡。后来他就去买了一把枪。晚上，他就等那些校友从校门口出来，看到一个非常像，就开始开枪，连开了好多枪，杀了四个校友，最后发现，他杀的根本不是对他吹口哨的那个人。当一个人被嗔恨冲昏了头脑，他的幻觉会让他酿成一场灾难。

佛教里形容嗔恨心就像火星一样，一个火星很小，但稍不注意，它可以把整个山都烧毁。亲情、友情随时都可能被嗔恨摧毁。

有的人爱记仇，然而记仇燃烧的并不是别人。心中有嗔恨的人大多不舒服，内心会煎熬挣扎。有些事情已经过去几十年了，可什么时候想起来他都咬牙切齿，就有可能造成犯罪，入狱受刑。

五毒中后果最严重的就是嗔恨心。它的危害有时会扩展整个社会。嗔恨心的根本在于自私。

传统教育告诉我们，事物有两面，非对即错，非是即非，非忠即奸。这个教育方式有它的片面性，我们一定得想方设法改变它。这个世界，包括我们的情绪，都是一体两面；不可能说一件事情对就是绝对的对，从来不会错，错的就从来不可能变成对的。好人有他很好的一面，也会有非常让你不舒服的一面。恶人也有其好的一面。也就是说，每个人都有佛的一面和魔的一面，就是这两者中间哪一个占比较多，我们就说他是哪种人。

佛经教导人要心胸开阔，多替别人想想。我们必须经常提醒自己，世界上没有绝对的事情，遇到问题要多几个层次的思考。当一个人对你发脾气，要多想他好的一面，就不至于一个对你好了一百次的朋友，突然对你不好了一次，你就觉得他变坏了。好多人跟我说："哎呀，我以前认识的他可不是这样的，他怎么现在变成那样了？"你以前认识的是他的正面部分，现在他给你表现的是他负面部分，等这面表现完了，他又回到正面去了——如果这样想，人和人的相处就会很容易。

如果有一个大家公认的坏人，突然间干了件好事，我们都为他鼓掌，觉得这个人变好了。其实并不是这样，他只是把好人的一面表现出来了。

所以，人还是要抛弃自私。有的人平常觉得不错，但改变不了思维，容易自以为是；他会觉得别人的缺点一大堆，当别人表示不理解，他还觉得很委屈——我从不伤害他们，他们怎么这样对我？这种心理，都是因为没有及时反观自己，老是用自己的角度想问题、想事情而造成的。

改变嗔恨心的最好方法，就是学会多想一想别人的需求、别人的心态。如果多从别人的角度去想,用感恩的心多想别人,心胸就广大了，受到伤害的机会就比较小了。如果一个人什么都斤斤计较，一个小动作都会让他耿耿于怀，痛苦的是谁?肯定是他自己。

放下疑心，远离痛苦

有一种人，别人赞美他，他反而会这样想：你赞美我的动机到底是什么？这时他心里就是有个恶魔出来了，这个恶魔就是疑心病。我们痛苦的最大根源就是疑心。一件事没有确定，我们总自己想结果。为此，我们总是怀疑猜测别人行为与言语的动机。

另一个是嫉妒心，其表现就是经常想“别人有，为什么我没有”。如果我当初这样做，我会不会有？为什么他可以拥有，为什么我不能拥有？他为什么有那么好的学问，我为什么没有？为什么我只会讲课，他会盖房子？当然，你把时间放在讲课上面，他把时间放在修房子上，你怎么可能什么都能做得到?想来想去，他就是不想别人付出的比自己更多。

在这个过程中，我们又会找出很多毛病来。假设我们想做一单生意，最后没做成，就会想：是不是有人故意不让这件事情做成？到底是谁这样？猜测很多，怀疑这，怀疑那，最后发现都不是自己想的那样。再然后又猜测：难道那天我签单的日子选得有问题？难道是我在的办公楼有问题？坐的沙发有问题？是不是我家的祖坟有问题？他要连埋在地下的祖宗都找出来，为他现在的不成功负责。所以，透过我们的疑心，会无限延伸出来很多东西。

人一辈子成功的事情很多，不成功的事情也会很多。不成功时，如果我们持怀疑妒忌的心态，人就会变得很不舒服。

可以看到这样的人，他拥有一辆宝马车、一栋房子，也有上百万的存款，一天高高兴兴地约了几个朋友喝咖啡。在聊天的过程中，朋友说最近买股票赚了一笔，身家有一千多万了，别墅已经买了两栋，最近准备买跑车了。他的心就开始咯噔了，不舒服，就想：当初我为什么没有把那一百万拿去做股票，我怎么那么笨！如果去做股票那不是也可以跟人家一样买跑车？于是闷闷不乐，本来是朋友聚会的好心情就这样荡然无存了，反而带了一大堆痛苦回来。回到家里就想得把这一百万投下去买股票，真的买了，第二天涨了，太高兴了，又可以请朋友吃饭了。过几天一查，股票降了，另外一个痛苦就来了：为什么当时要去买股票，我不买该多好……

自己有一家公司，看着人家的公司上市，就想我也得想办法赶快上市才行。上市以后，会碰到有的人同时有两三家上市公司，又要像这些人学了。

所有这些，一方面是因为欲望，另一方面是妒忌心在作祟。妒忌心老是让人看到缺的部分，让你不舒服。

有一个法官朋友，前一阵子刚做了个大手术，差点要了命。他是个很阳光的人，一次我们一起又在一个朋友家里喝咖啡，另一个人就在那儿说：前一阵子肠胃不舒服，昨天又不知道吃什么食物吃中毒，又吐了，今天又觉得头痛……我怎么就那么倒霉，看你们多好，个个都那么健康、那么快乐……他这些话对我讲还可以，对这个两个月前才从鬼门关回来的人，所谓的头疼脑热根本就不算是什么病。

也许现在坐在我们旁边，手上戴着名牌表、穿着名牌服装、开着跑车的人，搞不好他已经欠了银行一大笔债，很快就会变成贫困潦倒没饭吃的人。所以，很多时候人不能比来比去，我们永远有不足的地方。藏族有句俗语：人生何苦！比来比去，比到死呢！

做弯腰的果树

倒过来的杯子里的水会全部流出来。一个人在傲慢时，他也完全观察不到自己的毛病。

傲慢有很多种。假如一个人家庭背景好，他可以炫耀家庭背景；他长得好，可以炫耀他的容颜；一个人长得好，有财富，任何东西都可以炫耀……这些都叫傲慢。其实我们要明白，成熟的、果实累累的，绝对是弯腰的果树，不可能是昂头挺胸的果树。所以，我们要真正成熟，只有谦虚。只要谦虚了，人家的优点我们就都可以去学习，人家的缺点我们就都可以避开，这样，毒瘤慢慢就会离我们远去。

要去除无明和无知，我们必须学习。一个人没有文化知识，不可能抛开无明。解开无明的方法是通过学习增长智慧。智慧是工具，我们要从历代哲人的经典语句和他们丰富的经验当中寻找解开自我自私的方法。一个人，一旦没了自私，在无私中他就能够包容一切。

对大多数人来讲，应该是多听人家的，宗教的、社会的等各方面的课，我们都要去听，听完后要多思考，再用这些理论改善自我，把自己的那种无知状态渐渐解开，变得越来越理性，拥有智慧。

无明，大部分是因为人的愚昧和无知，主要还是无知。我们很多时候想事情会钻牛角尖，用自私自我的角度思考问题，这样就会变得很狭隘；因为狭隘，看到的路就只有那么窄的一小条——这样就不会宏观，想事情就不会全方位，也就不可能成大器。

如果一个人放下自私的心态，用客观和宏观的眼光看待事情，无明对我们的影响就几乎不存在了。去除无明，需要我们多思考，选择对我们有用的部分，激励我们去改变。这样“五毒”就会变成“五智”。

释迦牟尼佛说过，天上地下，唯我独尊——也就是说，只有他的教材、教法可以让人放下武器，放下纷争和仇恨，相互拥抱，那当然是独尊的——这种傲慢的态度是我们所需要的。所以说，五毒的正面力量是我们需要的。大家要多观察，多思考。我们了解了五毒的本质，就可以适当利用把它变成药。这样，让人身心受到危害的五毒就会变成治疗心灵的良药。

好的思维和不好的思维，
一切在呼吸的时候都平等地放下了。

第八章 禅定

整理情绪的行为艺术

禅定，在藏文里就是“平等、静虑”的意思。

人的情绪是非常快速地在波动，随着我们的眼耳鼻舌等身体感官，对外在的色声香味触的感觉会做出快速反应，产生不同的念头。很多时候，这些念头是在很细微的状态下产生出来的，但它会让人产生很大的情绪起伏。因为情绪的起伏太大、速度太快，所以我们往往察觉不到这些念头是分开的，事实上它们确实是由一小段一小段不同的念头组成的。既然它不是一个连体的，那我们处理它的方式就比较简单一点。我们先可以

把它解脱，不让它连成一体，这就形不成强力量。

人的念头就像海浪，一浪盖过一浪，是因为后面有风在那儿吹动。我们要把情绪本身启动的那种念头（指本能够掌控的情绪）一段一段地来清理，了解整个来龙去脉后，一个段落一个段落把它放下。这就是禅定最奥妙的地方。

在工作和家庭生活中，当我们产生烦恼、情绪波动时，为什么没办法想停就停下来呢？因为我们把它连成一片了，没有学会把一小段一小段地断开后再放下的这种方式方法。

禅定，就是要先梳理情绪，然后掌控自己的情绪。在我们成长过程中，没有人教导我们怎么去整理情绪，所以当我们产生正面情绪时，看任何人都觉得快乐，看任何事物也都觉得美好；当负面情绪产生时，我们又会变得悲观消极，再看到本来正面的、会给我们带来快乐的事情，也感觉不到快乐。

一个人心中充满烦恼和悲伤时，你在他面前摆上再好吃的东西，他也不会觉得好吃。原因是什么？因为这个时候他的情绪没有办法按照他认为应该要的方式去走，是外境带给他的这种情绪掌控了他，而不是他掌控了情绪。

掌控情绪法

我们为什么把禅定叫“平等、放下”？

简单来讲，就是要学会管理自己的情绪。这种管理必须要做严格的训练才可以做到。口头讲讲很简单，实际做起来并不容易。

怎么把情绪分段落呢？要学会一些方式方法。佛教认为，人的所有动念是透过身体的脉搏跳动，随着气在身体里流动，使思想产生波动。所以有一个著名的讲法：身体直，脉就直；脉直，气就直，气直心就直。所以讲禅修，很多人就会教导你要先学会打坐。

打坐的坐姿非常重要。佛教的禅修坐姿就是毗卢遮那佛七支坐法，也叫“金刚跏趺坐”，这是所有诸佛的法相之一。

第一，左右两个脚要打盘脚，如果双脚可以双盘就盘上，无法双盘的话，单盘也可以。不是每个人一定要盘坐，没有办法盘腿的，用一般的坐姿端坐，也没有关系。

第二，腰背要挺直。平常我们坐着的时候，背部习惯稍微弯着，现在则将脊椎骨一块一块叠起，腰背伸直，就像把银元一个个叠起来一样。这时，可以试着在座位上放置座垫，身体坐在座垫上，背部就能自然挺直。

第三，头部稍微往下倾一点点，下巴往内缩。在下巴与胸部,喉咙中间要有两个手指的宽度,这是比较标准的。也就是说，当我们的背很直时，头要稍微往下低一点，这样看起来才会变成直线；要不然往后仰，就不是一条直线了。

第四，手的位置也很重要，上下对称。这代表平等，要平等看待。双手要结等持印。就是双掌相叠,右手掌在左手掌上，左右拇指相扣，放在双腿根部及小腹前。两肩和两臂要自然放松垂下。

第五，舌头一定要顶住上腭上牙齿的齿根，预防口水流出来，这样对健康有帮助。

第六，在嘴唇中间留个火柴一样的细缝，方便吐气纳气。

第七，我们眼睛是沿着鼻尖往下的地上看。我们看到很多佛像都是瞄着鼻子的前方，所以就有半睁眼半闭眼的感觉，打坐就是这种样子。

有了这些姿态，人的气就变得很顺了。一般我们弯腰驼背的时候，呼吸大概就只到肺部；当我们身体拉直，呼吸就会到丹田了。我们的气很顺，杂念自然而然就沉淀下来了。有些人很喜欢在这个时候听音乐，把注意力转移到音乐上，让杂乱的情绪融入音乐里，用音乐赶走我们当下的胡思乱想，在感受音乐的过程中用快乐代替悲伤。

佛教并不是一开始就提倡把思想转移到音乐上面的打坐方法，因为把思想转移到音乐上面，它还并不是真正的禅定。让思想进入冥想的状态，是现代瑜伽的做法。在进入禅定的状态中，没有听音乐的机会，也不太可能。

就在一呼一吸间

学习禅定，从哪儿开始呢？学习呼吸是个方法。

首先要学会控制我们的“气”。气是很特殊的一种元素，它是我们真正生存源。我们说人活了或人死了，实际上就是看人有没有气在运作。人体里有所谓下行气，排泄功能就是靠这个下行气，上吐气是往上运作的。

另外，就是要平衡我们内在的气，使内脏不会混乱了这个气。还有就是，要保护我们的生命之气。心脏最开始起跳的生命来源与最后离世时停顿下来的气，就叫生命气。

人的生命就是以上吐气、下行气、平衡气和持命气这四个大气为主。

我们身体的这些气，就像车里循环吐纳的油，长期在那儿运转，会脏。所以，当浊气随着我们的呼吸从外面进到身体，就说明我们需要新鲜空气。当我们的气息浑浊，它对我们的情绪就会散发出比较多的负面力量。如果我们吸收过多的尘螨、灰尘等，那种浊气，包括我们平常生的闷气，如果不能通畅地散发，就会使身体产生疾病。

所以,佛教有一个方法,通过数呼吸的方式来练习气息——

慢慢吸气，把气吸到丹田，再吐出来，一进一出为一次。这样一二三四往上数。气本是我们看不见的，但感受得到，所以我们要感受气的存在,一进一出,一直数到十五。到十五以后，为了防止头脑中产生杂念，使刚刚整理的思维变乱，可以回过头来数，从十五开始往下数，十四、十三……又回到一。如此训练气的吐纳，是初级学习禅定的方法。

数到十五时，让自己进入平等放下的状态。好的思维和不好的思维，这一切在呼吸的时候都平等地放下了。放下以后，让你进入另外一个状态，这种思维状态就是情绪管理。

这种呼吸训练，是一种非常好的保健方法，可以把外面的新鲜空气从鼻孔吸纳过来，通过大脑，一直把养分送到丹田，再把丹田里的浊气吐出来。

换气很重要，可以或左或右、或双鼻孔换气。

我们每天一大早起来，应该想一想我今天该做什么，重点是要把平常杂乱的念头清理一下；当这些杂乱的情绪沉淀后，我们才知道该怎么处理自己的情绪。把这样的习惯长期保持下来，慢慢地就会发现，随着我们不断地把气吸进来和呼出去，大脑就再也没有时间去想别的了。

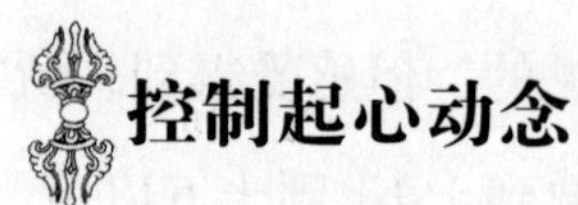

控制起心动念

观想也是让情绪先安定下来的方法。

观想可以灵活进行。有的人就先找一个目标，在面前放一个放一尊佛像、一束鲜花或者咖啡杯等其他物体，当成平等放下的对象来看，工作、事业、家庭、亲情、友情、快乐的来源、痛苦的根源，这些都暂时不去理会，先把情绪整理一下。

怎么整理呢？大脑经常不受自己的控制，都是它在控制我。现在的方法就是：我就盯着这个咖啡杯。我的情绪能够在五分钟、十分钟、二十分钟，甚至半小时内，能不去想其他事。当然，很多佛教徒喜欢放一盏灯或放一尊佛像，然后看着那灯那佛像，用心地看着它，不是让自己没有想法，而是把杂念放下。

如果我们大脑情绪太乱了，就得把它放下来。事实是，没办法那么快放下来，这是需要训练的。我们把这些动作学会不是一天两天的事，要很长一段时间。一段时间以后，我们会发现，当我们产生出来一个不好的念头，就不要再去想，不追赶它，就可以把它放下了。一个好的念头、快乐的念头来了，也可以把它放下。因为情绪来得太多太杂，会扰乱我们的思想。所以，这就是让情绪净化的一个方法，我们把它叫“平等放下”。

一个人如果一天中能够有放下的时候，慢慢就会发现人的情绪实际上并没有那么复杂。刚开始我们看到很复杂，就像我们坐在海边看着浪花，一浪接着一浪过来，一个比一个高。真的一个浪比一个浪高吗？也不是。是浪的问题，还是风的问题呢？那么这就出现了“风动还是幡动”的问题，实际上都是心在那儿动。风动还是蜡烛动，都不是很重要，对我们来讲，只要我们的心不跟着它动就好。

我们小时候刚开始学佛，听到唢呐的声音，心里就会想：天底下还有这么美好的音乐！听到铜制长号吹出的声音，就会想：天啊，还有人会喜欢这么难听的音乐？慢慢接触佛法，想法就变了。空旷的山野里，特别是有时候在黑茫茫一片的晚上，寺庙里修完法后，老喇嘛到了屋顶上，拿着长号用手拍打，拍三次，然后祈祷：“愿听到我神圣法乐声的所有如母众生，远离痛苦，远离烦恼，远离寂寞，并带给他们无限的快乐、无限的祝福，希望他们每个人都永久快乐，早日成佛！”这个时候听着老喇嘛啪啪啪拍的声音，再听到铜制长号吹出的音乐，就会赞叹这样的声音在这样的时候响起，真了不起。

在宁静的夜晚，感受着寂寞，突然听到寺庙吹出的声音。这种声音漫山遍野，随着风传出去，大家想到的是佛陀最慈悲的祝福声，这种像飞机噪音的声音就变成天底下最美好的音乐了，大家就享受着，听着这世界上最美好的音乐。

对于同样的声音有这两种不同的感受，其差别是我们的起心动念在作用。

心房需要打扫

禅，最大的功能就是让我们学会：一件事情当它产生的时候，不随着它的正负两面去动；当心沉淀时，就会享受到世界上最美好的东西。

这就像听交响乐。你对着一个不懂音乐的人演奏交响乐，他们就会有这样的感受："天啊，天底下会有人把这些噪音放在一起，会把人折磨得半死。"如果是听得懂的人，对他来讲那是无边的享受，而且他的心是在沉淀下来享受这个过程。

坐着感受音乐，这是往外寻找一种沉淀的方法。而内在当中我们要讲的真正的禅，平等放下是指在我们的内心深处，所有的起心动念只是我们的妄念产生出来的一种因风而产生的浪。

快乐的时候心很静，这时我们有足够的安全感，即使狂风暴雨来了，也可以把它当交响乐来享受，闪电就当它是舞台上的灯光。有时候你在一个偏远的高山上，打开窗户看到外面的世界，闪电划破黑暗的天空，然后打雷，一会儿下倾盆大雨，如果心很静，在享受大自然播放交响乐，我们就觉得快乐无比。但是，如果我们胆小如鼠，又没有安全感，这下惨了，不要说打雷，下个雨，雨哗一下，人就紧张了，担心这个雨会下多大，会不会有山洪，要么怕打雷，担心停电，产生了种种恐惧的心态。

由此可以知道，世界上正面的、负面的一切，完全靠自己的心去平衡它。

我们现在所谓的打坐，跟佛教里讲的禅最大的差别是：佛教的禅是每件事情从头到尾，专注于任何一种善法，心毫不动摇而入定，不受享受的诱惑，而凡夫俗子都是在寻找一种快乐的感觉，找到感觉后再被享受所诱惑。

我们平等放下后，沉淀得最静的时候，好像不管海面上的浪有多大，海底依然非常沉着、透彻。一个是放下，另一个是它本身没有实体的部分，这种感受是极大的快乐——好像一个饥饿的人，几天没吃东西，找到了食物，他吃饱了，但他没有被欲望支配而继续抻着多吃，饱了以后的那种满足感，那种心的静。又有点像一个登山者，拖着疲惫的身体终于到达山顶，已经完全没有体力了，但到了山顶上的那种满足感，情绪上非常安静的那种享受，这种状态快乐、舒服、平静。这是必须亲自去感受的，非语言能够表达尽的，这种状态非常舒服。凡夫俗子的禅定都是在享受这种所有情绪沉淀下来的状态。

有时候家里聚着一群人，有点乱哄哄的，等所有人突然离开了，静下来的状态就很像享受禅定的感觉。很多人就停在这种感觉上了，凡人所谓的禅修就喜欢享受这个过程，觉得有感应，每天没事就去打一个坐。在生活当中这样没什么不好，也是一种方法。

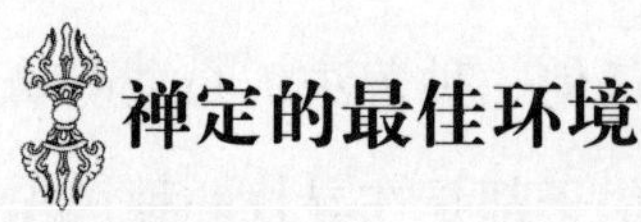

禅定的最佳环境

在学禅定时有两个诀窍很重要，一个是从“外”远离嘈杂，另一个是从“内”去除杂念。很多人修禅定都要找一个非常安静的地方，我们毕竟还是凡人，在繁杂的都市里，周边都是噪音，要让心沉淀下去实在不容易。加上我们现在资讯太发达了，不但有报纸、杂志、电视，还有手机、网络，所有这些都会扰乱我们的思想，所以需要一个很原始的状态。

很原始的状态就是佛教里形容的在茂密的森林里或广阔的草原上，是个非常优美的地方，山形特别美，有很多的飞禽走兽相伴左右，翠绿的森林草甸，五彩斑斓各种野花铺满了大地，散发着浓浓的香气。我们先对这种环境产生欢喜，这很重要，因为这样的环境才可以给我们迅速进入一个安静的状态，在这种状态下，人的心也很容易入定。

很多人为什么到寺庙里面去修行？我们可以看到，寺庙占据了全中国最美的地方。原因是什么？古代修行者需要寻找到这种安静的地方，远离嘈杂。到了那儿，工作才真正开始。

环境让我们欢喜，但一天、两天、三天，慢慢就没感觉了。所以，不管我们住在多么美的一个环境里，也只是一小段时间让你快乐，长久的快乐还是要从内心中提供给自己。内心深处要远离妄念的想法就很重要了。我们就要先去想：为什么有妄念？妄念从哪儿产生？当然是因为我们有情绪，是身体跟外在接触当中产生的。

如果完全不跟外界相处，妄念难道就产生不起来吗？也不一定。就像很多写小说的人，他把自己关在房里，让自己经受很多的磨难、痛苦，甚至一日三餐都有问题，但他可以用自己的幻想写出书来。人不会因为外在的环境纯净思想就变单纯，有时更容易胡思乱想。这个时候就要理顺：既然我们外在能够远离嘈杂，我们心里的烦恼和杂念，你越观察它，它的力量就会越大。我们平常不观察还不要紧，还不知道自己有那么多的杂念在里边，反过来看一下自己的起心动念，发现自己的贪念是这么的重、贪心已经有这么强，然后发现自己一无是处——那是因为我们在观察它。随着我们的观察，会越看越糟，贪念也起得越来越猛。这个时候，你如果追着它，它就像气球一样膨胀。

如果贪起来了，我们不去观察它，不过如此而已，就像一个泄了气的气球。这样一来，你就不要追着它，过来一个念头，来了就放下，也不要去回忆它，不要想着它出来会怎么样。你看着它，就像看电影闪过的镜头，跑来跑去，打来打去，里面的情节很丰富。等把它拆开来，一张一张地看，就没有兴趣了，不过是照片的组合，属于假象，一种幻觉而已。我们的念头也是如此，如果不把它连起来，当我们知道它只不过是一张张底片，对我们就产生不了效果了。那我就不会因为里面的剧情跟着产生情绪波动了，人就会沉淀下来。

还有就是海浪，你看它一浪起，一浪低，实际上，水就是那一滩水,海就是那片海,因为有风,它才接连着一会儿上来了,一会儿又下去了。我们的念头也是这样,当它过的时候,来了,很好面对,走了,不要去追它。我们最大的失败,就是会追跑已经过去的那个浪,又等待还没有到来的浪,把自己的时间都浪费在追或等,而把当下给忽略掉了。

禅定的最高证悟者

我们可以把禅定称为佛陀对众生传播的一种掌控管理自己情绪的方法。用这种方法,我们可以自我调节情绪,让心灵不受情绪波动影响。

佛陀是最高的禅定证悟者、空性证悟者。问起什么是禅定,我们得到的答案会很简单:该吃饭的时候好好吃饭,该睡觉的时候好好睡觉,该做事的时候好好做事。听起来这不是对小孩子讲的话吗?实际上我们许多人该吃饭的时候不好好吃饭,反而去想别的。

佛陀一辈子做事勤勤恳恳,他在四十多年的时间为了弘法

利生，跑遍了半个印度的所有乡镇。一个证悟空性的人，弘法利生还是要努力，为了众生他付出了很多。但他在付出中从不会因为别人没有接受他的佛法而有得失的心态，不会计较他传了这个法别人是否认同他，也不会为此而有情绪的波动；更不会因为付出了努力，而衡量辛苦值不值得，他从来没有这样的分别。他只是每个阶段都用最完美的方式做他该做的事，在这个过程中享受这种平静、这种定力。不管睡觉、吃饭、走路，任何时候对佛陀来讲都是禅定。因此，我们学禅定思想太紧绷会昏沉入睡，思想太松又会产生很多杂念，拿捏紧与松的诀窍很重要。佛陀说，要善于控制自己的妄念，就像弹琴，琴弦太松则音不成调，琴弦太紧则音不悦耳，不松不紧，音乐才能和谐优美。禅定修行的环境和状态也是这样。

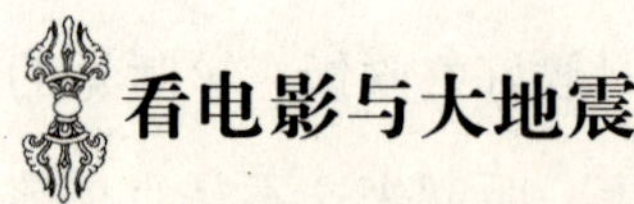

看电影与大地震

我小时候过度理智，看电影电视时就跟别人不一样，经常看着屏幕会想：这个人现在哭成这样子，前面那么多人看着他，他自己又没有发生什么真正的悲情，怎么哭得出来？有些人讲多么害怕的时候，我就想：前面那么多人围着他，他假装那么怕，他真能装，这个导演还真会导，写这本书的人想象力真丰富。这样想着，一部电影就结束了，而我什么都没看懂，只是觉得这一点都不好玩。

人定力太好了，可能就会这样。有一年我带喇嘛们去美国好莱坞，那里有很多 3D 电影，坐上太空船，上下左右都是屏幕，电影开始了，就好像把人带上了太空，上上下下不停地动。身边的人都被吓得大喊大叫又大哭大闹，而我发现只是我下面的椅子摇来摇去。于是我想：如果人不能控制自己的情绪，幻觉就会带来这么大的痛苦。这些喇嘛们平常个个都是有胆有谋的人，没想到幻觉产生的时候，也跟其他的人一样，掌控不了自己的情绪，大喊大叫，吓得不得了。佛讲“万法唯心造”，假设我们进入所谓的中阴，其实就是这样的一种幻觉。为什么我只觉得椅子摇来摇去，前面的影片晃来晃去没感觉？就是因为没有入戏，没有把我自己带到里面去。假如我把自己带到那个情绪里，肯定会跟他们一样，也会大喊大叫。

我的这些思想不代表我没有办法享受，我也觉得这部影片拍得美，可以以假乱真，可以把幻觉变成真实的感受，我很享受这一切。也许佛祖看我们人类的世界也就跟看电影一样，他也看得到所有的情节，也看得到我们在那里受苦受难，但是他的定力太好，他看世间人的喜怒哀乐，也许就像是在看这样的喜剧、恐怖片连一起的那种感觉。

有一年台湾大地震，我刚好接受邀请在那边讲佛法。头天晚上讲完佛法，次日凌晨地震了。我发现，人的定力这个时候特别有用。一发生地震，所有人都往外跑，包括我的喇嘛们。那个时候我没有恐惧的心态，第一可能是和信仰有关系，我不怕死，第二我觉得这个时候跑无论动作怎么快也不可能比地震快。我懂一点建筑，知道房梁倒下来的方位在哪儿，柜子倒过来会大概到哪个方向。于是，我就把床移到梁下面柜子砸过来肯定打不到的地方，然后继续呼呼大睡。我的喇嘛们都跑了，跑到空旷的地方，发现我没出来，又跑回来救我。当然我没事，喇嘛们也没事。但是，因为很多人在这种时候表现很紧张，有的被掉落下来的东西砸伤，被砸死的都有。

人真的有必要培养一下临危不乱的定力。如果一个人禅定力比较好，对发生的事情不代表他没感觉，也不代表他不认为那是真实的。对面演的是假的，他们感受的也是假的，而他们的情绪是真实的。旁边的人吓得大喊大叫，很多人哭出来了，我当然感受得到他们内心的痛苦；当很多人看到喜剧很快乐的时候，我也可以感受他们的快乐。

如果一个人的禅定力很好，生活可以翻过一页页，当看世间游戏，每当过去分分秒秒，也就是一场梦而已。如果心毫不动摇，而进入禅定的状态，那么显现的外在的一切景象会自然消失，外境并非真实消失，而是清晰可见，只是禅定者不执着相而已，我们为什么要把那么多的情绪带到生活里，让自己受折磨，而不能轻松地看过一场就放下呢？如果能这样做，我们能坦然面对我们现在所拥有的跟未来将会发生的，那不是更好吗？这也是一种境界。

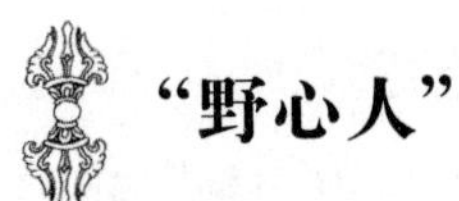

“野心人”

我们讲的定力，不可能说是泰山崩于前而不惊，天底下没几个人会有这种定力；但平常训练一下自己，遇到事情时可以稍微给自己几分钟去沉淀一下，理顺一下情绪，想想应该怎么办的话，可能很多灾难就能躲过。

禅定要有一个非常好的环境，最好是远离嘈杂的都市，在一个比较僻静的山上，最好有很多的森林、野花、很多野生动物。这样的环境人的心就比较沉淀，这是外在环境。

藏传佛教那些经文里都会将这种环境形容得特别美。佛经里说，在这样的环境里，野花漫天遍野盛开，好像专为我而开；到处都是野生动物，好像为我们而活，不会惹人生气、烦恼；大自然的一切生物都是为我们而存在。把禅定的环境形容得很美，就是到了极乐世界也不容易找到的环境，可以让你一人独享。

我有一个师叔就被这样美好的语言吸引，就到处找这样的地方，还真的找到了，在四川康定一个很漂亮的山谷里。前面就是草原，草原的正中央一个凸出来的小山坡。坐在小山坡上，一眼看过去，可以看到方圆四五十里远的地方。还有一片小森林，有山泉水，到处开着杜鹃花，野生动物很多，特别是羚羊。我师叔一看，心想：这不就是过去佛经里所形容的最美好的地方吗？他就在那儿盖了一所闭关房，在里面修行。

他是我们的师叔，他修得怎么样我们也不是很清楚，我们对他很尊敬，每次见了他都毕恭毕敬的，特别羡慕他可以一个人在那样的深山里修行，房子那么漂亮，有森林、山泉水、很多野生动物陪着他。

有一天他去见我师父，我实在忍不住了，就问："师父，我特羡慕这个师叔。你看他住的那个地方就是我们经文里形容的样子，漫山遍野的野花，有山泉水，小山坡上盖着一座独立的庙，周边那么空旷的地方都是属于他的世界。"师父听了我的话，就在那儿看着天花板，神秘地笑了一下，说："一座野山上修了一所野房子，里面住了一个野心人。"

师叔的境界有多高，师父知道，我们不知道。后来我们慢慢才知道，实际上师叔在里面根本就压不住自己的心。因为他和师父是师兄弟，所以经常来找师父，会把他的心思讲给师父听。原来他虽然享受那种环境，但是心依然在到处乱飘，他是一个“野心人”。

环境很重要，但如果没有调伏自己的妄念、杂念，躲在哪里都没有用，人还是在红尘里面，在心的都市里面，念头依然在四处游荡。

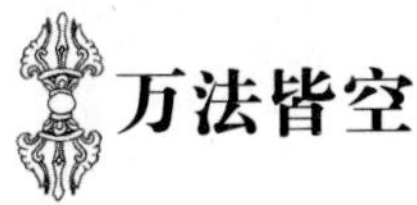

万法皆空

禅定在佛教中还要更深一层，就是进入空性的境界。

有了空的境界就必须把执著打破。我们既然觉得享受禅这种感觉特别好，还是有执著心，在非禅修状态时就还会有痛苦。比如说工作繁忙的时候，就想念平常清闲的日子，想着该怎么找个时间去入禅，心里就又开始有折磨了。

任何事情开始都有很积极的状态。当事情进入一个负面消极状态时，很多人感慨这些努力是没有实体的，到最后一场空而已。人生是如此，事业也是如此，享受更是如此，都是空境。这就进入了另一个极端的空间，佛陀讲诸法皆空，很多人就以为是什么都没有，但这句话在佛教里的本来意思是万事万物一切本无永恒的实有，如梦如幻。

空性的好处在于，它将打破我们在进入禅定当中的快乐、光明、无分别的觉受，因为这些觉受太享受，我们就会去努力地贪婪这种证悟，也就是俗称的凡夫受用之禅，进入空的境界，这种包括对外在事物和内在自己的有无皆是，皆不是的执着，佛经上讲："未曾有一法，不从因缘生，是故一切法，无不是空性。"

有办法改变，不用烦恼，因为有办法；
没办法改变，也不用烦恼，因为没办法。

第九章 智慧升起，走出逆境

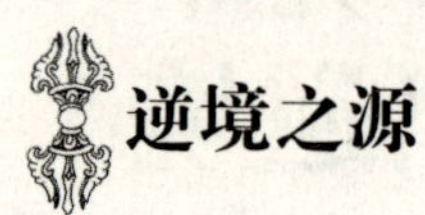

逆境之源

佛教有个特色，先告诉我们一件事的严重后果，即我们所谓的危机，然后再告诉我们处理方法。这是教我们先去寻找造成危机的原因。所以佛陀是从“苦、集、灭、道”开始讲，告诉大家痛苦是怎么产生的。

为什么很多人听到“苦”就以为佛教是消极的宗教呢?

佛陀首先就讲到苦。从生命的角度来讲，每个人都要面临的危机不外乎就是生老病死这几件大事。人在遇到危机或者逆境时往往措手不及，而且都不愿意承认这些挫折、困难、痛苦、危机都可能会发生在自己身上，没这个准备。

没有人愿意主动承认自己的身体会生病，所以很少有人在身体生病之前作预防。很少人能意识到，自己的情绪波动会造成与身边其他人的关系发生变化，所以肆无忌惮，不约束自己的言语与肢体，任意妄为，给我们的人际关系带来危机。

当然，这里面的主导者还是我们的思想。

人是很容易冲动的动物。正常来讲，我们的情绪里面是分三类的，一个是正面的，一个是负面的，一个是中间的，我们称之为无记的状态。这正与负的力量，我们一般称为爱的力量和恨的力量，这两者往往是造成转机的来源。爱，往往成本最小，却可以让逆境转成顺境，没有任何负作用。爱带给我们的都是我们想要的、正面的东西。恨，有着很强大的爆发力，恨是很强的负面力量，当人们从困难和挫折里得到解脱，身心就又卷入另一个漩涡里，也就是会落入由自己的恨而创造的圈套里。

因此我们要知道，任何时候都要对无常做好心理准备。就像佛陀讲痛苦，首先就告诉我们，人来到这个世界上终究会有生老病死的痛苦，我们不要担忧或反感，因为这是很正常的自然规律。所以，我们应该踏实去面对所有这一切，这就包括要面对诸如生离死别等一切人生当中最让我们束手无策、很难靠人力去扭转的事情。

预防在先

除了生老病死这些自然规律带来的痛苦，我们在工作中遇到挫折、投资遇到失败、生活中情感发生问题等都是可以提早深思熟虑，并加以预防的。另外，我们要明白更重要的是什么。

一个人生活在世界上，单靠自己的力量很难去解决生活中的危机。很多时候我们面临挫折、痛苦和心灵上的困惑时，很难平静地想办法去解决。就像一盆水，里面有泥土将它污染，我们一直舀这个水，舀来舀去，只会让水越来越浑浊，而看不清楚水下到底有什么东西。唯一的办法就是放在那儿别去动它，让它里面的泥土慢慢沉淀下去；之后，你会看清楚，浑浊的水会变成干净的水。我们的心也是如此。

遇到逆境的时候，人容易冲动。人的这种恐惧感、无助，会带动我们的负面情绪，其中杂念会非常多。很多时候杂念是不理智的，它就像那浑浊的水，怎么舀也是浑浊的。你越想越多，反而会给我们造成更大的困扰。这个时候不是不能解决问题，而是我们由于有过多的妄念，就会故作聪明地去预设，等于是给自己预设了很多如泥沼般的误区——也许不可能发生的事情，因为我们现在预设了，最后把自己套进去了。

就像两个人争吵，争吵是突然发生的危机，两个人也都想很快地解决这个问题，很多人就来不及沉淀，来不及静下来，马上就想去解释刚才的误会。由于刚才火气还没消，越解释对方越会不领情；对你的解释，他越会反驳。如果你认为自己是正确的，你就很容易变得冲动，因此发脾气。有时候，两个人在很快速的冲突当中想解决问题，是解决不了的；只会让那个冲突一再地加大，越来越大。

沉淀心情是必经之路

在这个世界上，出现任何危机，只要不牵涉生老病死，都是有办法的。

当我们遇到一件困难的事情，不要以为这就是倒霉。“塞翁失马，焉知非福”，门被堵住了，开窗，窗被堵住了，那就开另一扇门，总之会有办法的。

我们的大脑不是停留在单一的思维上面，如果一件事情只用一种方式去思考，那我们就没有出路。很多人在面对危机和困难时喜欢钻牛角尖，钻到里面出不去，就是以单一的思维来解决复杂的问题。

我们要用全方位的方式去思考：一个人的力量有限，我们活在这个世界上必须要有很多的顾问，在精神上，宗教修行是最好的。世间有很多经历非常丰富、对世间事物了如指掌的哲人，这种人不一定读过很多书，但他社会的力量很大。我们周边需要很多的这种有智慧的人。智慧的人是什么样的呢？智慧不等于聪明，我没有讲是聪明的人，原因是佛教里讲的有智慧的人是无私的，愿意把他的想法告诉我们，而不是仅仅站在他主观的自我意识上来解剖事情的人。

很多时候，当我们遇到困难挫折，都会绞尽脑汁地去想：我该怎么办？当我们情绪过度杂乱，就没有办法沉淀思路。这个时候，最好找一个人，哪怕他什么都不会，我们只须把情绪告诉他，把这种像海上浪花泡沫一样的情绪稍微沉淀一下。人的气就像海上的风，风越大，起的浪就越高，我们根本看不到大海，就一个浪接着一个浪——不是浪真的很高，而是我们的眼睛看到它会产生幻觉，让我们觉得它越来越高。

当我们一直想这个事情，心思集中在一处，一时间根本无法将所有的是非对错分清楚。所以，我们要尽量让自己在发生状况的第一时间沉淀下来。这是需要训练的。很多人都讲，你不要冲动，稍微安静一下，冷静地思考一下——这不是说冷静就可以冷静的。有修行的人，才会在一些事情发生时不至于像常人那么冲动，这是他们长期训练的结果。

现在我们就要训练自己，遇到任何事情从不慌张开始，当别人说完以后可以先思考。谈话也是一样，当人家讲一句话时，我们先通过大脑思考几秒钟再回应，不要人家讲出来就马上对应。这是一种训练。当事情能够从大脑循环绕一圈，让我们过滤一下要讲的话，这就是简单意义上的理智。这种中间停留几秒钟的训练，久而久之，就会让我们遇到事情时不慌张。我们就会发现，很多时候，我们的理智会救自己。

这个世界上，一个人解决不了所有问题，一定要周边的人伸出手。遇到危机不是要独自面对，总有一些人在旁帮助，这是很好的。就像一个人跌倒，头破血流，有人可以扶你，有人可以背你，但是没人能代替你走路。

我们平常跟人家相处比较好，当我们遇到危机，人家第一时间愿意过来帮忙。如果平常跟人家关系处得不好，我们跌倒了，大家就不想跑过来。原因是什么？他怕我们栽赃，说是他推的你。所以我觉得，要应付危机：第一，自己的心理要长期培养，学会沉淀，保持理智；第二,一定要求救于周边的亲朋好友。从大家的力量中，分散现在浑浊的情绪，在沉淀中找到解决方法。

绝处逢生

我经常讲这个故事。

有一次我在上海，有个温州的女孩子打电话给我，是晚上10点钟的时候。我一接电话，她就开始哭。我说“你不要哭，你是谁”。她说“你不认识我”，告诉我她有个朋友的朋友认识我。她想自杀，她的朋友就找人要了我的号码，给她了。

她说：“我不认识你，我那个朋友的朋友叫我死之前打个电话给你，只是要跟你说我要死了……”我说：“太感激你了，死之前还想到要给我打个电话，谢谢你啊！”她就又哭又叫。我说：“你别哭也别闹。不管怎么说，你本来就要死的人了，现在打电话给我，我们还算是有缘分的人，你死之前起码告诉我一下你到底发生了什么事，要不然我白接你的电话了。”于是她就讲她男朋友有外遇，之前对她多么的好。她一直讲，我根本没机会插话。后来我就说：“你不要难过了，慢慢说。”两个人可能以前感情真不错，她就滔滔不绝地说，哪年哪月去哪儿给她买了什么东西，然后平常给她吃什么东西，细节给我讲得清清楚楚。从10点钟讲到12点半，我的手机没电了，又打到旅馆的座机继续讲。我就听着。

前面三小时，我根本没有机会讲话，最多就说：“哦，是吗？那太不应该了。”到了凌晨三点钟，她的话差不多讲完了。我想要找个突破口，就问她长得怎么样，她说自己长得特别漂亮，最满意的是长到膝盖的头发，她最舍不得的就是自己的头发。于是我说：“你看过人家跳楼没有？”她说没看过。我说：“我看过很多跳楼的，人跳下来，血肉模糊，五脏崩裂，头发连在一起，非常恶心的。你没有看过，我看过很多次啊……”她说：“你不要讲了，好恐怖！”我说：“等一会儿你跳下去，也将变成这样子，漂亮的头发也会沾上血肉模糊的。你不想听没关系，我只是告诉你我看过很多人跳楼自杀，我还见过几个跳下来后，脚也断了，手也断了，没死的，更惨。如果这样，那真的是很可怜的，这辈子你美女也当不成了，你想做什么也做不成了，你想死也死不了了。”后来我就跟她讲：“你看你已经浪费我六小时了，凌晨四点钟了。我跟你讲这么多，我们两个又不相识，你还是给我点面子吧。见个面以后你再死也不迟。”她答应了。

我说我要去美国，希望她等我回来见见我，然后再决定。她答应了。我在美国期间打了两通电话给她，我怕她真的出事情。她每次都会问什么时候回来啊。我说很快了，大概两三个月就回来。我回来后她真的来了。这女孩是个模特，头发真的很长，长得很漂亮。我说：“你长这么漂亮，有多少人羡慕你啊，你为了一个男人就要死要活的，你太小看自己了。”我问她现在还想不想死，她说不想死了，已经交了一个新男朋友。

人遇到挫折困难时，旁边有个人愿意做听众，也许就会救一条命。

每个人都会遇到挫折和困难，当我们沉淀下来，冷静以后再去思考所发生的事；如果这件事的发生是我们改变不了的，可以求助亲朋好友，所有的人都来帮助我们；如果那时也改变不了，我们可以去找心理医生或宗教人士，从他们那里我们也许可以学会放下。

一件事情的改变，别人也许有办法，我们可能一时没有办法，这时没有必要不快乐，总会找到方式去对应它。所以，有办法改变，不用烦恼，因为有办法；没办法改变，我们也不用烦恼，因为没办法。

重生

如果不是作为个人，而是一个团队，团体越大，遇到危机的机会就越大。

如果是那种群众团体遇到危机，处理起来就不是很简单，它需要很强大的危机处理与协调能力，任何时候都会牵扯到人际关系。志同道合非常重要，团队的领导必须有能力将大家共同的力量凝聚起来。比如我们寺庙，虽然有许多喇嘛、活佛，但有一个共同的力量，那就是我们的信仰。为了信仰做事，这就是最终目标。这就是团队文化。一个企业，一个团队，总要树立一种文化，要明确创办这个协会、这个企业是为了干什么。

国外有很多团体就是为了做义工。成立这样一个团体就是为了带领这些人去帮助那些需要帮助的人。不是付出财力，而是付出劳力，去做义工。刚开始，做义工的人带着很大的热情，大家都愿意为社会奉献出自己的力量。但是，久而久之，人终究还是人，谁做多了、谁做少了，就会产生矛盾。所以要事先决定一个团体的制度和企业文化，以制度管人，民主选择领导，这点很重要。

作决策之前，即使是一个人独资独创的企业，也必须有一些辅佐的管理者，对一些事情大家要探讨。通过讨论，作了通盘的考虑，你也认同，我也认同，大家都认同，最后做下去了；一旦亏损，也许非常严重，这个时候就要看了，大家的承受能力在哪儿。

我认识一个人，她带一群人去做服装，大家投了几千万。

刚开始大家满腔热血，都是小女孩，一起走出来的，后来发现，品牌做出来了，但把这个品牌推出去的过程中，大家意见根本就不一致。每个人用的力度都不一样，一直亏损，几年下来几乎亏死。大家又不想把这个公司解散，最后没辙了，来问我。我是不懂经营的，但是我给她们提供了一些意见——

你们有没有办法先输入新的血液进来？有人觉得你们这个服装品牌不错，愿意投钱进来，然后以他的力量作为主导来推动你们的事业，有没有人愿意？如果没有人愿意，就要再看看，现在公司剩下的资金有多少？就是资金全部没了，你们所有这些股东能不能承担这个完全亏损的损失？这是最坏的结果。如果能，那你们可以继续做下去。而且，如果再做下去，连本钱都没了，会欠债，甚至可能会解散，你们是不是可以把债务分着扛？要有这样的心理准备，必须得同心协力。想到有这样的危机，现在就该把你们的思想统一起来，一起检讨到底问题出在哪儿了，然后重新开始走。如果大家觉得没有办法再存在，意见没有办法合，就趁这个时候赶快断掉，也就是申请破产。因为再做下去，可能牵扯到的就不止你们几个所谓的投资者了，你们的家人可能都受连累，这个时候影响就更大了。

我是认为，当发生这些危机时，最好的方式就是大家把问题放在桌上来谈。不可能每个人讲的都是有道理的，但是一个人去想与三个人去想那肯定是不一样的，有些人会讲正面的，有些人会讲负面的。如果你是领导者，就应该把大家统筹起来，再作决定，这样比一个人处理问题好解决多了。

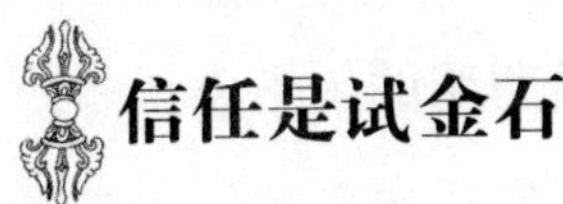

信任是试金石

我们能不能成功与能不能做到互相信任，很有关系。企业也好，社团也好，那些成功人士对其员工都是非常信任的。反过来，员工也要用同样的心态看待领导者。

信任度有时是建立在钱财上面。如果是一个企业，它的利益就是看钱。企业有吸引力，不仅仅是因为企业文化，那是理想，是目标，但是最终下来，大家需要的还是钱。所以，大家来到你这个地方；所以，你把得来的利润按照每个人的能力妥善分配很重要，这样大家才愿意付出。

遇到困难也是一样。妥善给大家分配利润，每个人起码得到了他辛勤付出该得的那部分，在公司面临危机时，大家也愿意跟你熬一下。这时你诚恳的态度非常重要，要做到不隐瞒遮掩。这很难用一句话来形容，我觉得是彼此间的信任，是人与人之间那种长时间建立起的关系，起码有几个人在你快倒下来时愿意当你的左臂右手，也许危机就能过去了。

两千多年前，佛陀成立了佛教团体，佛教非常盛行。这时，佛陀的堂弟提婆达多想自己独立，靠北印度阿阇世王的力量，让佛陀的信徒分裂了。佛陀年事已高，也没有去劝解，毕竟是他的堂弟，又跟随他多少年，教导他已经没有用了，提婆达多是一个很固执的人。当时佛陀就派了他最聪明的弟子舍利弗去做调和工作。舍利弗就用对比的方式和大家讲佛陀的伟大在哪儿、提婆达多的野心在哪儿，最后让当时跟着提婆达多走的僧团又归顺到佛陀那里。所以，让平常就非常温和、大家都能够信任的人做这种危机处理者是最好的。因为信任，所以成就了一个全新的局面。

我们付出行动，是为了让别人得到利益。

第十章 人际关系

付出是最好的润滑剂

佛教提倡付出，一直教育人要懂得付出、学会付出。付出什么呢?

你要和一个人相处，起码要付出你的时间，而且是要经常付出。有时别人诉苦，做一个倾听者也是付出。听人家讲心灵的烦恼，这时候你听到的并不是很好听的语言，但是你必须忍受着听。在心灵上面也是，对别人的喜怒哀乐，你必须学会忍受它，这个我们都叫付出。

外在上的付出，当然不只是付出时间那么简单。在财物上

面，一个只知索取、不懂回馈的人，是不会有好的人际关系产生。人先要学会舍得，就像请人吃饭，如果别人请我们吃饭，吃了两三顿，我们从来也不请人家吃一顿，人家就可能对我们不满意了。礼尚往来，这种彼此间的付出，小到时间、金钱、体力，大到思想、学问和才华，让人感受到我们是愿意跟他交往的。

在交往过程中，我只为别人付出一些肢体行为，没有用言语也不行。佛教的一个说法叫爱语，爱语就是有发自内心地对别人好的心念，又从那种心念里产生出最美好的语言。

人跟人相处很熟后，我们才会有很多比较自然的语言，因为那时大家不会介意一些负面的话。而在交往过程中，我们最容易讲出来、最有效果的语言是赞美的话。所以，爱语是交往中最需要用到的。比如，老板经常赞美员工，员工会很高兴。藏族人常讲，任何时候财富是一半，言语是一半。比如向对方表达善意，我们只说“我有一颗善良的心”是不够的，善良的心藏在你的身体里，谁都看不见。如果一个心地善良的人却经常恶语伤人，做出来的肢体动作也都是伤人的，那就很少有人愿意靠近他。如果能够经常用爱语去赞美随喜别人，大家都愿意跟你交往。

利他是理顺人际关系的诀窍

人际交往中，除了言语的付出，和大家的所作所为保持一致的意愿也显得重要，也就是我们说的要“与时俱进”。

吃饭时，有人想吃大餐，你却想吃盒饭，所以你就告诉他们“我只喜欢吃盒饭，你们要吃你们去吃，我不吃”，这样就影响了大家的情绪，这就叫不合群。有很多人不懂得如何处理人际关系，就是不合群，每次都是用自己主观意识来决定事物的对错。有人会找借口说，这是因为我有“个性”，我就是这样的“与众不同”。这种所谓的“个性”、“与众不同”、“只要我高兴有什么不可以”的这种想法，经常断掉了我们人际关系中的最好层面。所以要学会用适当的方式跟人接触。

如果是个学者，跟农民在一起，这时用文绉绉的语言讲话是没有用的，就要用农民听得懂的语言讲话。如果是个商人，全用商业口气跟某个教授讲话，那也不行。如果是个教授，针对小学生，他必须用小学生听得懂的语言来讲，对大学生用大学生听得懂的语言来讲。用各种灵活的方法教授不同学生，才是因材施教的好老师。

人际交往也是这样。我经常举我们到国外传教的例子。我们进入一个由信仰天主教的人主导的国家，那绝对不能说天主教不好。天主教也没有什么不好，佛教认为都很好。所以我们会赞美基督，赞美圣母，赞美基督教的伟大，让他们感受到我们来自异教，对他们依然这么尊敬。要让他们欢喜，这种赞美不是虚伪的，是真实的。他们的思想，他们的逻辑方法，我们都去学习。渐渐地，大家就有了沟通，已经都是很熟朋友后，我们再逐步告诉他们，我们所信仰的跟他们所信仰的有什么不一样。

我以前经常说东方人要到西方去，像我是个藏族人，到西方去传教，不能第一次见面就推荐酥油茶有多好喝，而是我先要把自己喝酥油茶的杯子洗干净，去学喝咖啡。哪怕刚开始是牛奶占多数，咖啡占少数，我也得学会喝。我学会喝咖啡，这时候我们有共同的话题了，我才告诉他，咖啡非常好喝，在我家乡我们不喝咖啡，我们喝奶茶，喝酥油茶，奶茶跟你们的奶茶很接近，但我们的酥油茶就有点不一样了，也不错，你也可以试着喝一喝。我就把酥油茶推销给他了。

在尊重人的情形下，慢慢把自己的东西“推销”给他。佛法如此，物品是如此。任何时候，我们的目的是希望他慢慢地在认同当中接纳了我们。民族与民族之间的相互接纳，文化与文化之间的相互接纳，都是这个过程。佛陀讲的人际关系是最完美的。

我们无论做什么，一定要有一个目的。我们做任何一件事情，固然带有私下的目的，但千万不要忘了，重点还是要为了别人的利益。不管我们所认同的这个东西有多好，如果会给别人造成了伤害和痛苦，也不应该把它强加给人。这就叫利行。为了让别人得到利益，我们付出了行动，最后让他感受到了，变得很快乐，他也很愿意接受这样的东西，这才是真正的人与人之间相互交往的方法。这里面不带着任何强迫，不带着任何私心，但在付出当中我们的目的统统都达到了。

这就是佛教里讲的处理人际关系的方法。

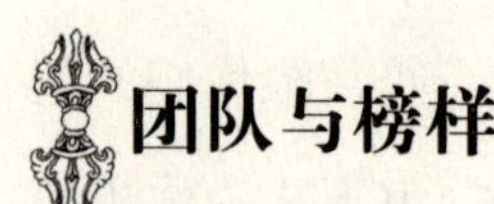

团队与榜样

人本就是群居动物，团队就是由一群有共同理念的人组成的。

很少听说不同理念的人能够组成一个团队，所以大家有个共同信仰与共同理念非常重要，这是团队的第一个作用。团队第二个作用是，团队制度可以传承很多传统。藏传佛教有自己的团队制度，我们叫“大师兄的教育”，就是一个老师带两三个学生，这两三个学生成为老师后又带出几个学生，就这样一直延续下去。这种团队分工很细致，作为寺庙的领导者，很少去干预。但是，我们经常会一起讨论，讨论每个人管的那一块还可以如何去改进，哪些地方还可以有所变动等等。为了更好地把佛教教义应用于社会，为了慈善事业，为了利益大众，我们有共同的信仰，只要对众生、对国家、对社会有益的事情，我们就愿意付出，都愿意去做。所以，寺庙里的每个人大脑里一直灌输这样的核心思想。

在教育上，日本人普遍愿意让孩子去经受各种历练。日本小学里，可能班里 30 个孩子每个都有机会轮流当班长，而我们中国人习惯于在团队中建立一种模式，树一个榜样，可能这个班里 30 个孩子只有五六个有机会当班长，因为一学期才选一次。

假如是我，不会用树立榜样的方式来管理团队，团队里的榜样应该是从一群人里产生，最优秀的变成团队的榜样，不是从上往下指定。在学校里筛选干部，老师说，既然他是最优秀的，你们都愿意听他的，那就让他做班长吧。我觉得，日本人的模式比较好一点，班长的位置只是一个象征而已。

佛教里有一句话是：“寺庙的黄金法座是没有主人的。”想坐到法座上就看谁有能力。所以，一个所谓的榜样不可能永久是榜样，他的精神很好，我们应该学习他的精神，但不能他怎么做，我们就怎么做，不能刻板教条。只能说随着时代的变化要有改变，要保留其精神。人本来就会有缺点，人就是人，不要突出他个人，只有精神是永恒的。

外国曾有一个英雄人物，媒体报道他的英雄事迹时很多人很感动，但认识他的人却说他没有这么好。民众听说他为大家解决了很多事，哪里有困难他就到哪里，像神仙一样，大家就开始反感了。

我们需要这样的精神，就像我们需要观音菩萨，是需要观音菩萨那样大慈大悲的精神。因为观音菩萨和地藏菩萨不是凡人，我们不用在他们身上找缺点找毛病。

所以，在团队中，应该提倡学习榜样的精神，而不是突出榜样本人。

孝顺是互相感恩的良性循环。

第十一章 孝与顺

西方式孝顺

佛教里讲的“孝”，大部分含义指的是报恩。孝顺，一般来讲，是晚辈对长辈的一种接触方式；如果讲到报恩，范围就会更广大一点。

要想报恩，首先懂得去感恩。佛陀讲人要知母、感恩、报恩，就是说人先要知道对方是你父母。这句话讲起来非常轻松，但是想起来很深。谁不知道对方是自己父母？偏偏有很多人连牲畜都不如，把自己的父母不当父母看。

特别是现在这个社会，我们传统的道德观念全没了。所谓的学西方式文化，看到西方社会父母养小孩养到 18 岁就让子女自由发展了，父母老了，儿女也不用养。这只是表面现象，这些是有文化背景的。

有些人以为这样太轻松了：父母把我养到 18 岁以后我就是我了，我爱怎么样就怎么样，养不养他们要看我高不高兴，跟他们没有相干。在西方，做父母的在孩子 18 岁之前是尽抚养的义务，对一个没有成年的小孩付出该有的劳动；当儿女成才找到自己的工作就是另一种状况了，每个人工作都要缴税，缴税以后带来两个保证：一个是教会的互助，因为西方社会是有宗教信仰的，所以父母不会孤单，还有一大堆教会的兄弟姐妹在。而儿女也不是只有父母照顾，也不孤单。遇到困难的时候不是父母两个人在赞助，而是整个教会在赞助。二是养老体系，人老的时候有社会福利保障，就是大家共同缴给国家的钱，回馈来养老人。

在西方社会，虽然父子关系、母女关系不像我们中国那么亲密，但他们的亲情还是很浓的。当儿女遇到什么困难、自己解决不了的时候，父母肯定会帮助他们，只要他们有求于父母。父母有困难有求于儿女的时候，儿女也绝对给以帮助。原因是什么？因为有信仰，宗教道德告诉他们，当有需要帮助的人向你请求帮助时，你应该是无私奉献的，这种精神存在他们大脑里了。所以，西方社会父母与儿女之间虽然不像我们中国人那么黏糊，但是当他们该尽责任义务的时候总会去尽。

我们有些人没有看到这点，就觉得他们长大以后可以不管父母了，所以现在一些年轻人没有了传统道德观念——对自己的长辈，给他们一点钱财就当成是孝顺，很多人甚至连这点都做不到。

中国式孝顺

在我们小的时候是讲究长幼有序的。谁是大人、谁是小孩，注重孝与悌，道德伦理定得很清楚。而现在的小孩生下来就比全家人都大，他才是最大的。现在的人也都很孝顺，但孝顺的不是长辈而是“孝顺”自己的儿女，甚至有的是“孝顺”自己的宠物狗、宠物猫。

宠爱狗和猫是一种慈悲，但是，如果你能把你的父母当成你的“宠物”来看待不是更好吗？连伟大的佛陀成佛以后，在父亲往生时为了表示自己的孝道，他还要跟人家去抬尸体。

谈到孝，作为长辈，我们要首先学会做长辈。

无私奉献很重要，作为最伟大的母爱、最伟大的父爱就是因为对儿女愿意无私地奉献，但很多时候我们并没这样做。有没有必要？有些时候是需要的。孩子在小的时候是一片空白，很多社会上的人情冷暖、是非对错他们搞不清楚，在这方面我们应该无私地帮帮他们。但是，并不是孩子所有的生活习惯、思维逻辑都要照着我们所想的方式做才是对的，这一点要分清楚。我们要教导他们。

有些孩子天生就有福报，天生就聪明，就可以正面开导他，用好言好语相劝，让他改变所有不好的习气。但这样的小孩少之又少。

西方人的教育观念，就是对小孩从来不打不骂，完全是爱的教育。因为你要思考他周边的环境，传统的宗教概念本来就认为打骂别人是不对的、偷东西是不对的、持刀抢劫是不对的、杀人放火是不对的，那种宗教氛围已经影响了整个民族，其外在的道德观念不容易败坏。因为有外在的约束，父母在家里只要讲好言好语，很多小孩自然而然就会变好。那么我们东方人呢？我们的性格有一部分是可以这样的，但针对另一部分性格，你讲好话，讲好听的，用爱的教育，只会使孩子越来越受到溺爱，因为很多时候我们所谓爱的教育是对错不分。

别人说你孩子做错事了，有的父母会帮儿女讲话；孩子没做作业，有的父母会帮他说谎遮掩；老师批评孩子，有的父母会协助孩子对付老师……慢慢地，老师就觉得这样的教育产生的后果应该在父母身上，而我们又觉得教育应该在老师身上，大家推来推去，这种模棱两可式的教育最后导致孩子根本不知道对错是非在哪儿。做父母的如果这样长期溺爱孩子，就像慢性毒药，让孩子一直中毒，加上没有像西方那样的比较成型的社会道德氛围，等到他长大，当我们发现他很多习性非常不好时，已经没有办法改变了。所以，从小的那种赏罚、对错标准很重要。因为你有了这样一个权威，孩子就知道你是长辈，长幼就有分寸。

有些时候我们可以跟孩子是朋友，有些时候还是要有原则。对儿女的教育，当然是以爱为主，所谓的“爱的教育”不是说你天天讲他好话、他做错事了你也溺爱他。心中充满爱，为了他更好，哪怕我们的脸色有时有点愤怒相也是为了他好，这是东方教育必须要做到的。

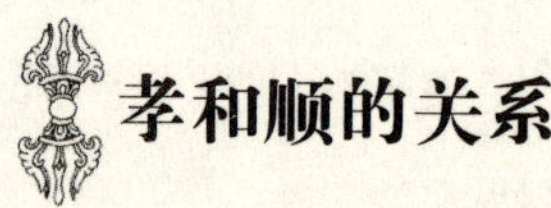

孝和顺的关系

有的父母喜欢让孩子对自己言听计从，认为这样才是孝顺的孩子。可是他们忽略了，孩子小时候可能还不会有太大反应，等到长大后，孩子的心理就会觉得受压制。有一个 20 多岁的女孩和我说她的父母很偏执，稍有一点不按照他们的意思来，就会和她生气；现在她大学毕业了，也参加工作了，父母还像管小孩子一样管着她。她是个孝顺的孩子，不听父母的话，怕父母不高兴；听父母的话，自己心里又不舒服，问我该怎么办。

从佛教的角度来讲，“孝顺”这两个字是可以分开理解的。对父母要“孝”，可以不在言语上和他们产生冲突。如何“顺”呢？可以听取父母的建议，但不一定全部按照他们的方法去做。如果即使这样做了，让自己很受伤，父母也很难过，不能两全，就不如先解放自己，让自己思想上有所解放，等自己的想法实现后再回过头来报答父母。

所以，换种角度，放大心量去想，很重要。有了包容的心态，做到孝与顺兼备就不是什么难事了。

金钱不是孝顺的全部

很多时候，人与人之间的那种关怀不是用金钱可以代替的。

我有一个老乡，全家都到了美国，就把妈妈一个人丢到藏区。有一天邻居打电话说，你妈妈希望你们偶尔回来一下。他们就想：妈妈是不是缺钱呢？我们寄一些钱给她好了。第二次妈妈又托邻居打电话说，妈妈再希望你们回来一下。过了两三年，子女们还是不回来，他们总说自己没空，认为妈妈那边需要什么我们就寄钱回来，请邻居帮妈妈买点东西。等后来他们打电话给邻居，得知妈妈已经往生了。妈妈去世了，他们也回来了，个个哭喊连天，说自己有罪，说自己没有孝敬好妈妈。邻居就很不屑地对他们说："你们不要在这儿哭啊，你们妈妈不会相信你们现在的眼泪了。她活着的时候三番五次求你们回来看一看她，却没有一个人回来；现在你们回来在这里哭只会让你们妈妈更生气。我也不相信你们的眼泪，你们妈妈肯定也不会相信，你们不用在这哭了，她的后事我们会帮她做好的，不缺你们那几个钱，你们回去吧！"

这家的女儿就很难过,来找我问该怎么办。我说能怎么办，多做一点功德吧，做点布施吧，起码让人家说你以前想寄钱给你妈，虽然对你妈没有用，但是现在还是对有些人有用，你做这些事情补偿一下你的愧疚感，以后会好受一点。

尽孝要趁早。对父母最大的孝顺，不是给多少钱，而是要让父母在精神上达到最大的快乐。这种快乐是给父母多少钱都达不到的，需要做儿女的用心给父母。

孝就是互相感恩

很多时候我们讲的“孝”，看起来是仅仅针对自己的父母。佛教里提倡这种关怀要延伸到所有众生，因为众生在这个世界上是相互依靠的。

我们要生存，我们需要一个家庭、一个社区、一个城市、一个强有力的国家，一个和谐的地球，相互依赖，相互依存。我们必须知道自己存在这个世界上的重要性。

我们要懂得感恩。每个人要懂得奉献，懂得感恩社会，不论是看起来当下对你有用的人，还是对你没有用的人，都应该一视同仁。你怎么知道今天他对你有用，明天他对你就没有用呢？今天他对你没有用，或许明天就会变成你的大恩人。

在感恩每个生命体的过程中，才能知道自己身边最需要珍惜的人是谁。

我经常教我的弟子怎么发菩提心，告诉他们要为天下一切众生积德行善。这是一个非常好的愿望和美好理想，而这是天上飘着的云朵和彩虹，很漂亮，但是摸不着抓不到。在现实中我们脑子里要经常想的是普天下一切众生，就像宋代范仲淹所说“先天下之忧而忧，后天下之乐而乐”。但是实际生活中，我们还是要从自己周边的人开始，尽自己所能为他们做点事情。

如何对待自己身边的人呢？作为长辈，对待自己的孩子，该为他们付出的时候就要付出，也不要想让孩子必须来感恩自己。反过来，做子女的对父母也应该这样。如果整个社会中，父母和子女之间、丈夫和妻子之间，再扩展到朋友之间，如果都能用感恩的心彼此相待，这种良好的效应就会形成一连串的传递，就是社会和谐的真正来源。

在大家共同生存的环境中，每个人有不同的思想、不同的背景、不同的历史文化，如果彼此尊重，我们就会很快乐。有了尊重、理解，才会真正知道别人为自己付出了多少。我们无法在这个世界上单独存在。

一个人在世界上生存，要有很多人付出劳动。就像我们经常讲的白开水是如何开的一样。自来水厂工人要接很长的水管，要把水过滤消毒，过滤当中又有很多工人要付出，做这些水管也需要有多少工人，送到你家又需要多少工人付出，这样才有我们杯里的水；有了水还得倒入茶壶烧开，才能喝到嘴里。一杯开水而已，却要经过很多的人努力才能有！

我们吃碗米饭看起来很简单，这也是农民经历千辛万苦才有的收成。农民付出的辛劳我们没看到，如果从来不去想这些事情，我们就觉得自己有能力花钱买米——花钱很简单，可多少人为了那点小钱付出了很多。他为了钱，你为了米，他感恩你的钱，你感恩他的米。所以，我们互相感恩应该是发自内心的，不是虚伪的，应该知道这些恩情是没有办法回报的。

因为知道了真的没有办法完全回报，所以，我们只能用自己的点滴能力，身体力行去做。这样去做以后，不光是对父母要孝顺，对儿女也要负责，渐渐就形成了家庭中的相互感恩。这种感恩彼此循环，上行下效，家庭氛围就会越来越和谐了。

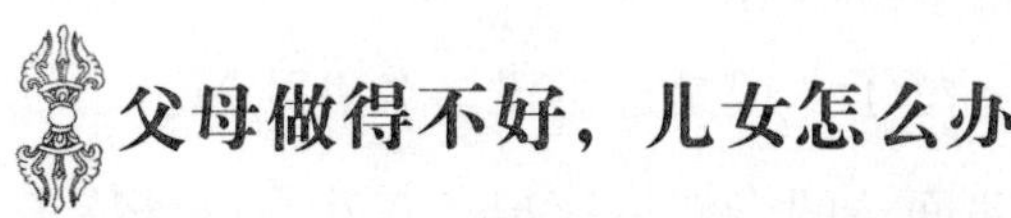

父母做得不好，儿女怎么办

当然，有些时候事情并没有那么单纯，也有相反的例子。

我们老家有个亲戚，两夫妻臭名昭著。藏族人很少有对父母不孝顺的，可他们对父母就很不好。老先生走得早，他们就对老太太不孝顺，所有的亲戚朋友骂都没有用。我父亲曾经对他说：“所有人都在骂你对你妈不孝，你把我们这些亲朋好友的脸也丢尽了，更不要说丢你自己的脸了。”他回答说：“你放心，我最不怕的就是丢脸，那值几两钱啊！你放心，我自己都不怕丢脸，你怕什么！”

我爸爸就很难过。在我看来，老太太受到这样的报应，也不能完全怪他的儿子和儿媳妇，老太太的嘴巴也实在太多话了，经常到处讲儿女的坏话。我就跟父亲说：“虽然你跟老太太是亲戚，但你客观来看，老太太本身也该好好地受受教育。”

后来大家也劝老太太少讲点话。有一次我父亲说：“老太太，你年纪大了，我让你现在改变你的性格已经不太可能了，你本身就是这样的性格。但是你不要埋怨太多，这样很多人不会同情你。原因是什么呢？你到处讲儿子和媳妇的坏话，这些话很快会传到他们的耳朵里，他们只能会对你更不好。所以，唯一想让他们对你好一点点的办法，就是闭上你的嘴巴。”

老太太也知道自己不好了，但是过了没多久就死掉了。过了很多年，那个“不要脸面”的亲戚也死掉了。我在国外待了很多年以后回来了，看到他家的媳妇现在已经是婆婆了，却寄宿在别人家里。我问她原因，她喊了一声“活佛啊”，就哭了。她说自己是被媳妇赶出门的。我说：“你以前对老人家的不敬，你的媳妇看着，她现在不觉得自己做了什么错事。你对老人家怎么做的，你现在的报应没有死就来了。”

我后来遇到他们家媳妇就问：“你为什么把老太太赶出家门了？”她家媳妇说：“没有啊！她到处讲我们的坏话，

所以我经常骂她，骂到她不高兴自己离家出走，她不回家来不关我的事。她回家来我还是一样给她吃好的、住好的，但如果她管不住自己的嘴我一定还会骂她。”

因果报应就是这样循环。上梁不正下梁歪，上面的人自己没做好，想让下面的人做好是不可能的。所以，重点是先把我们自己该做的做好，才有资格教下面的人怎么做人。

孝顺也是如此。只要做好自己该做的事，家里真有个不孝顺的人，大家就会谴责他。所以，仅仅是讲关于孝顺的传统道德观念，还不如教他去寻找感恩的源头，从感恩中去挖掘人性本善的一面。

我们讲菩提心时经常告诉人家，要视所有众生如现在的父母，要感恩众生。有个弟子就跟我说：“师父，有没有别的教法？”我问：“怎么了？”他说：“小时候家里有好吃的，父母就会偷偷地吃，不让我们小孩吃。”他父亲如果用钱买一堆糖果回来，就自己塞在包包里，偶尔给他妈吃一个，自己再吃一颗，从来不给小孩吃，他对孩子不是打就是骂。但是，这对夫妻的孩子个个都很有才华，现在有两个博士一个硕士，非常谦虚，人非常好。很多人埋怨小时候受到家里的挫折，因为家里的教育方式不对，让自己发展不是很好。我就想，并不是所有人都是这样，你看那么样一个家庭，父母自私自利，又没有什么学问，三个儿女却这么优秀，个个都是好人，学佛也学得不错，还经常帮助别人。唯一遗憾的就是，他们要想感恩父母的时候却想不起来该感恩什么，因为他一想父母想到的都是最丑陋的一面。所以他问能不能换个方式。

我劝解他："你还是得感恩父母。你今天有这么大的学问，拥有这样的才华，如果没有父母生你到这个世界来，怎么可能会拥有这些呢？他们教育你的方式方法和他们处人处事的方法是错的，我没有叫你感恩那一块；你拥有现在，有机会学到佛法，有机会读到博士，你得感恩父母把你带到这个世界上来——如果在胎中时就把你打掉了，你就什么都没有了，搞不好现在还是个孤魂野鬼。"父母对我们不但有生的恩德，还有养育的恩德。

对于父母，我们要做的，只有无条件地报答和发自内心地感恩。

"百善孝为先"是真理

对自家的孩子，我们给他多少，他永远不会满足；如果是路边的一个小孩，我们给他 100 块钱，他就会感动得不得了,可能会感激你一辈子。轮到自己的孩子,我们今天给了他,明天他还要,明天给了,后天还要,最后连棺材本他都想拿走,这样的子女就是我们的冤亲债主。就这样，做父母的还很高兴地愿意为他付出，而且一天到晚大脑里都想着他。很多父母付出了一辈子，到晚年往往就是被这样的儿女抛弃的。

我曾经遇到过一个人，她的故事在台湾非常有名，是臭名昭著的“名”。她的父母是乡下老百姓，当农民，卖蔬菜水果。千辛万苦送她上小学、中学到大学，然后送到美国读完博士学位，找到一份非常好的工作。之后父母觉得，这下心中的石头落地了。她在美国结婚回来，亲朋好友跟她讲，你父母对你这么好，你一定要好好孝顺。她禁不起面子，就把父母接到美国去了，后来听说她天天对父母发脾气，辱骂、羞辱父母。最后两位老人实在忍不住了，说要回台湾去。她买了两张飞机票，却把父母送到中南美洲一个小岛上，遗弃在那里。后来两个老人运气好，东转西转就找到领事馆，才回到了台湾。她竟然恶毒到这样的程度——父母一辈子辛苦把她养大,本该好好报答,当初不是诚心诚意，就不要把父母带到美国去，后来合不来，老老实实把他们送回台湾就可以了。而她不是，恶毒到怕别人讲她的坏话，就把父母丢到人生地不熟的中南美洲的一个小岛上！

你说这样的人还是人吗？真是连禽兽都不如啊！

我曾经看到过很多这样的父母亲。我的一个女弟子，他们家有个很大的企业，一直爸爸管着。他家的孩子，不是博士就是硕士，都很有学问，父母对儿女都非常好。老先生没来得及写遗嘱，就病危了。儿女们为了让老先生在死之前写完遗嘱，就拼命打强心针，电击压老先生的心脏，让他气不要断掉，是想趁他还有一口气把遗嘱写完，好让他画押盖手印——因为如果父亲在写好遗嘱之前去前，分财产时要多缴很多税。他们一直折磨老先生，打强心剂，强迫心脏跳动。

老先生去世后，女弟子请我们去给老先生诵经。我们在那里很诚心诚意给老先生做超度，这时几个儿女就为老先生遗嘱上那些财产的分配不均吵起来了，快要打起来。最后我实在忍不住，走过去跟他们说："我们是外来人，千里迢迢从西藏来到这个地方，跟你们家没有任何关系，只是认识你们姐姐。为了你姐姐的脸面，我们给你们爸爸做超度，在这么热的天气还给你父亲诵经，在付出我们的慈悲。你们爸爸现在身体还没有冷下来，你们做儿女的能不能稍微让他安静一下，要吵等他出殡后再吵行不行？"因为我声音也很大，他们一会儿就停下来了，不再吵了。等把老先生火化完，女弟子想拿几万块帮老先生做点善事，却又遭到全家人反对。

中国有句古话叫"百善孝为先"，所有善行中，首要的就是对父母亲的孝顺。先要了解父母对我们的深深恩德，没有人的恩德比父母亲对我们更深的，父母对我们恩重如山。

我们做孩子时，很难去理解父母的恩德有多大；当自己本身成为父母，才知道对小孩到底要付出多少，那时才会反过来想一想，父母给予我们有多少的爱和慈悲。知道了父母恩重如山，这样就不会去忤逆父母，就不会再埋怨父母没有给我们很多的财产或其他的什么，接下来自然就会“顺”着父母，用好的语言讨父母欢心，照顾他们的身体，让他们快乐，让他们有所依靠。这才是子女应该尽的孝道。

经典上常说：“上报四重恩，下济三涂苦。”父母恩就是其中之一。现在年轻人常常有了自己的小家庭，就把父母亲丢在一旁，反过来为自己的子女做“孝子、孝女”，孝顺自己的儿女。在对自己的儿女无私付出的时候，请多想一想，你那满头白发的年迈双亲也曾经呵护过你，等自己成了父母时，莫忘记了去孝敬和回馈自己的父母。所谓上行下效，不孝顺父母的人，他的儿女也没有受到这方面的身教，往后儿女长大了，也有可能不懂得回报父母。

所以，我们对天下父母都应该心存感恩，孝顺为先。

平等就是心要平衡。

第十二章 平等

平等没有等级

平等，就是说我们每个人要在心里面有个平衡尺。大家都希望这个世界是公平的，每个人所得到的、每个人所没有的，应该都是一样的。无论是身体的健康、脸形长相、物质分配和在世界上的权利，大家都应该是平等的。很多人可能就会说：佛教不是讲众生平等吗？为什么还有不平等现象存在？

如何面对周围的一切和自己？最先要做的就是要平等对待一切。

佛教里有极乐世界那样平等的地方。这种理念，在理想上是可以平等的。

就像做学问，社会上有很多博士、硕士、学士，更多的是小学生，甚至文盲，这两者我们都需要拥有，而他们在学历上面就是不平等，工作也会如此。但是，这不代表学历最高、学有专攻的专家就可以替代各行各业的芸芸众生。就像一个城市，从市长到一般平民、科技工作者、文化工作者，以及普通劳动者，缺一不可。没有普通劳动者的付出，就不可能有最现代的都市；如果没有我们看起来是最底层的如清洁工人，一个城市就会肮脏。如果没有人专门打扫环境，所有人都必须亲自去做，一个城市能够发展到怎样的程度呢？所以，就是因为有各行各业的站在自己位置上辛劳付出的人，才有了美好的城市。

我们总说劳动者与官员、文化人与文盲都应该平等地受到尊重，在人性上要彼此尊重，而且也应该尊重每个人所付出的辛劳。但是，让一个劳务工作者去领导一群企业家是不可能的，让一个企业家或教授去做劳务也是很困难的。

我们先要了解，所谓的平等到底是指什么。平等是指我们每个人要站在自己的角度，尊重自己所拥有能力的权利。

在美国，有个很有名的华裔教授一直想学藏传佛教，恰恰在他教书的附近就有个藏传佛教的修学中心，这里的老师是个刚满 28 岁的喇嘛，英文还讲得不标准。教授已经 58 岁了，一看就觉得没脸面，心想：我堂堂一个大教授跟一个二十几岁、英文都讲得不顺的小孩子学习……于是，他对这个喇嘛产生了歧视和傲慢心。

有一天他来找我。当时我也只有32岁，可能看起来很成熟，他觉得跟我学，好像年龄上还比较接近一点。然后他就讲了这些给我听。刚好我住的那个房间在装修，木工用电锯在锯木板，我本人也喜欢锯东西敲钉子，就跟老教授说："教授您干过木工没有？"他说会，就拿电锯来锯木板。教授切的木头就显得歪歪扭扭的，木工看了忍着没有讲话，因为我之前跟木工讲客人是名教授。一会儿，有个地方要打钉子，我说老教授你去打一打，老教授打到一半，钉子就弯了。木工有点生气，就说他"笨得连打个钉子都不会"。这下把教授的傲气全打垮了。

于是我就对老教授说："这就是专业的问题。以您堂堂大教授，一定认为木工是不太有脑子的，是靠他的体力生活。而在他看来，您才是个笨蛋，因为您是个连钉个普通的钉子和切个小木板都不会的人。现在您的问题来了。您在您的学生心目中是高高在上的大学者，但在木工看来您只不过是个笨蛋，因为这么简单的事您都不会做。所以很显然，您不用看不起那个28岁的喇嘛，他能够在美国这个地方设中心传法，肯定有他专业的地方，教您肯定绰绰有余，因为您是个新人。"从那以后，他就想通了，规规矩矩地到年轻喇嘛那儿学佛去了。

用平常心尊重自己所拥有的

心的平衡很重要。事实上我们每个人都是平等的，只是各自做的事情不一样，我们不能因为说要平等，就去做人家能做的任何事，这肯定就做不了。所以，佛教里讲平等就是，把你认为好的、坏的、对的、错的都往中间靠，能做的、不能做的，都要用平常的心态看待。

很多时候我们不能做的，会觉得自己没有用。比如一个有学问的人，他不会煮饭，当他想吃饭的时候他就会佩服把饭烧得非常好吃的家庭主妇。到了吃饭的时间，肚子饿了，他就对家庭主妇崇拜得不得了；等他吃饱肚子，就又开始崇拜他的学问了。

所以，我们要学会的是对自己所拥有的那一部分的自豪，而不是傲慢，要尊重自己所拥有的部分。除了自己拥有的这部分，再额外的，能学多少就学多少，作为自己的平衡杆。

我们平常讲“天生我才必有用”，这个世界上什么样的人都不能缺，就因为有各行各业的人，这个世界才这么美。

佛教里说的“众生”的“众”,是三个人才写出来的一个“众”,

所以众生就是不同的想法、不同的阅历、不同的父母、不同的家庭、不同的社会环境、不同的教育制度培养出来的一群形形色色的人。这些人还要为了共同的目标，经常集合在一起，做一些大家共同认为有意义的事情。“众生”这个词就是这样来的。再大而言之，除了人，众生还包括形形色色带着不同阅历来到这个世界、又以各自方式生存的不同的生命体。

我们彼此要学会做的是尊重，要尊重自己拥有的一切，而不怨天怨地。每个人都有不足的地方，美国谚语叫“彼岸的山永远比此岸的绿”。我们无论站在哪个角度看对面，对面都是好的。有人谈到身体就说自己这几天有病，“你真好，这么健康，我就不好了，现在肚子还不舒服呢”，可能就不知道人家是不是前一阵子刚刚做过大手术差一点死掉，就只会看现在的。人家有钱了，我们就说“你真好，你有钱，我就那么没福报，我没钱”，就不知道人家那笔钱明天会不会是强盗来抢，他的来源也说不清楚。

并非每件事情都要从负面去看的，每个人都有自己的长处，也有其短处，我们不可能拥有一切，所以要讲包容地平等。

平等随缘

说到平等，还要注意避免对自己不喜欢的事物过度排斥。这也牵涉人对自我的执著。比如现在存在的仇富现象，很多人没办法变富有是因为自己不努力不用功，有的是努力了用功了也没有得到什么，就开始有仇富心态。有人变富有，要自我检讨，慢慢回馈。但作为穷人，千万不能有仇富的心态。

有个人一直很妒忌一个有钱的朋友，因此经常讲他的坏话，到最后连朋友都没的做了。我就跟他讲："你赞美他，他没有给你财富，也许可以请你吃顿饭，你就得到了，他拥有的部分你就可以分享了。你妒忌他，天天说他是非，你想吃那一顿饭都没机会，你干吗要仇视他呢？他也是付出了很多的努力，甚至是几百几千倍于你的努力以后才拥有的这些。"

无论穷富，必须要从这种心境检讨自己。

拥有者要学会尊重自己所拥有的一切，要知道自己能拥有是因为很多人的付出，并不是凭一个人的能力就可以得到一切。没有拥有的人，只要用心谦虚地去学习人家，也可以分享所得。

很多人变富有了后会回馈社会。山里出来的人到沿海及世界各地打工，赚了钱都会回馈家乡。把自己辛苦赚来的钱在家乡盖学校，做慈善事业，带动一批人跟着他致富。任何时候我们都要随喜赞叹别人的优点和能力，平等看待每个生命体，尊重他们，从而让我们的心境慢慢提升上来：人家能有这样的福报，我们就高兴。就像国家强大了，我们应该高兴才对。国家强大了，我们的路也修了，医疗有保障了，电力也发达了，什么都好了，难道不该高兴吗？所以，我们周边的人富有了，我们也应该高兴才对，仇富心态不应该有。大家应该用平等心看待每个生命体，让我们彼此享受大家在不同阶段所带来的物质与精神文化生活，这样渐渐地大家就一同富有了。

如何用平常心看待身边的事情呢？印度寂天大师有一句话非常好：如果可以改变，有何不高兴？如果不能改变，为什么还不高兴？因为你已经没有办法改变了。

经过深思熟虑，我们可以改变一些事情，那就根本不用烦恼了。但是，一件事情，明明知道已经改变不了，那还为什么不高兴？因为它改变不了，所以就要用平常心放下。

任何一件事情的每一个阶段都是无常的，
你现在认为永恒的，一秒钟后它又变成过去了。

第十三章 无常生死

无常的生老病死

无常不受时间的约束，没有空间的限制，凡是属于实体的一切都在无常的变化中。所以，一增一减，一消一长，一存一亡，刹那就是无常。世上没有永恒的事物，人的一切就在生老病死的无常之中。无常来得很快，它来之前的变化，我们大多数人是没有感觉的。

所有人世间享有的功名利禄和天人快乐的种种福报，都会在无常中来到，在无常中消失，包括我们最执著的身体也不会永远属于我们。

无常有不同的形式，生必有死，积必有散，合久必分，高必有低，冤亲无常，苦乐无常，贤劣无常……具体到生老病死就是我们每个人都要经历的无常。

中国传统上大家非常注重生而不注重死，怕谈死，忌讳死，跟死相关的语句都是忌语，而与生相关的语句是祥语。我们把生看得非常重要、非常吉祥，从生下来大家就会庆祝，一直到死都会过生日；而我们却很少对死亡做准备，这样就忽略了死亡。

我们经由父母的陪伴来到这个世界上。出生以后，周边有医生护士，有亲朋好友，有左邻右舍，所以生对我们来讲是最安全的，可以靠很多人的力量。之后就要成长，周边的人奉献出他们的人力、物力、财力和爱心来扶持我们长大。

对于我们来讲，更重要的是，我们要认识到生命来到这个世界是有前后规律的。所以我们每次见面都会问“请问你贵庚”，就是问多大年龄了。大家喜欢问这个问题，生也有个次序。告诉别人“我几几年生的，属什么什么”，这样生的次序就出来了；你比我大几岁、你比我小几岁，或者你比我大几天、我小你几天……好了，往后面说就没规律了，因为不知道谁会先走，因为生死是无常的。

执著于充满希望的生

我们一直深信不疑的就是有一个所谓的“我”，一个人一生下来就觉得“我”是在这个世界上，我明天要干什么，我后天要干什么，我现在要干什么，长大了以后我要干什么。这就是在“我执”上有了个强大的幻想，我们把它叫做“希望”。我们很多人就为了这个“希望”而生存。

人在没有宗教信仰时，就建立在飘忽不定的希望上。我们总是用梦境来搭个巢，画个图像出来。比如说等我长大一点我就要去上小学了，再大一点又要上中学、大学了，大学毕业后就开始谈恋爱了，找自己的伴侣，找工作，这些都找到了，又该有小孩了，然后又为小孩开始准备；小孩生下来又开始想，我的小孩哪一天长大，天天等着他长大，他长大了以后会怎么样……有一天我们会发现，在等待的过程中自己的头发已经全白了，我们把自己一生全部投资到了一个希望中。

很多人就在这样等待的过程中消失了。有的福报不好，来不及降生到这个世界上，在娘胎里就没有了；有的来到世界上两三天，欢喜一场就没了。而有福报的人，慢慢长大了。所以，我们总是说，希望每个人都能够健康长大，一直正常地老，直到死亡。

恐惧一定会来的死

我们忽略了一个现实：在我们死亡过程中，从病痛开始，到最后生命结束，每个人必须独自走。

我们很多时候执著于自我，执著于自己的身体，执著于周边的物质，比如“我的车子”、“我的房子”、“我的名”、“我的利”，有一大堆，却从来没有想到我们对这一切只是拥有短暂的使用权。我们总说自己是拥有者，都想争取拥有权。那么房子有拥有权还是使用权？如果有人告我们，你没有拥有权，只是使用权，只有 70 年。我们一定觉得不行，要想办法搞成拥有权。你已经三四十岁了，再给你 70 年，活到 100 多岁——我们有那么大福报吗？没有。可我们不会这样想，觉得自己一定要先拥有才可以。所以，很多时候我们就为了追求让它属于自己，而不会思考我们能不能使用它。

还有争官场上的权力，觉得这个位置应该是属于自己的，自己是不能放下的。有的人官位升迁了，忙得精疲力竭，然后退休了。以前门庭若市，突然间没有人上门来，天天等着有没有人来敲门；没有人敲门了，每天都愁眉苦脸的，很快自己就郁闷死掉了。

官场也好，物质也好，哪个人死的时候能够带走一毛钱的？没有。财富哪能带得走，什么都带不走，连身体也只是暂时“一辈子”使用，所谓一辈子，长则八九十年，短则一二十年，甚至几天都有可能。既然是这样，人就会对必然要面对的死亡而心生恐惧，原因是现在没有培养自己。就像我们不工作，不去赚钱，家里米没了，肉没了，菜没了，钱也没了，什么都没了，你晚上睡觉怎么睡得安呢？

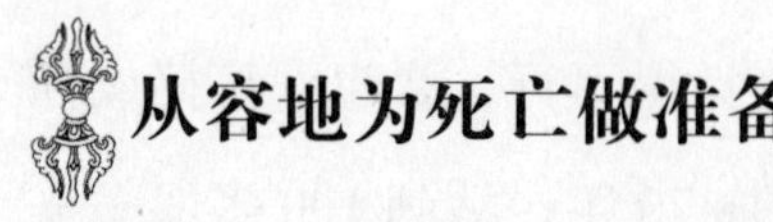

从容地为死亡做准备

死亡也是要准备的。我们把钱准备好了，米缸里是满满的米，菜也准备好了，就会踏实。没准备菜和米，起码把钱准备好了，我们睡觉也会踏踏实实的，明天醒来去买米买菜就行了。这就是佛教里讲的累积福报。很多人一辈子都没有做什么善事，也讲不出自己一辈子问心无愧的事来，他做了很多的亏心事来不及净化，就像今天一点钱财都没有准备就去面对明天一样。

有些人没做什么好事，但也没做什么坏事，面对死亡，就是没准备好，所以没有准备的那种恐惧就像不知道明天该怎么办一样。就像从国内到国外去，我们从这边买机票乘飞机到另一个国家，语言也不通，身上又没钱，完全陌生，那种恐惧感就跟死亡是一样的。

如果都准备好了，我们活着的时候做了很多善事，不管明天在不在，起码我们今天死之前会说“如果明天还在的话，我是坦荡荡的，我的功德做完了”。

我曾经跟一个教授聊天。我讲了很多轮回存在的道理给他听，他说：“你怎么讲我也不会相信，我是彻彻底底的无神论者。”我说：“教授，我没有想要说服你相信轮回，我只是想说，我宁愿这样相信，我今天做很多的善事，死的时候我心里坦荡荡，如果明天还在，我已经准备好了，明天不在了，我也没有任何损失。可你的损失大了！如果照着你的方式，没有明天，你也没损失，但如果有明天呢，你怎么办？现在问题是，我们谁都不知道明天会不会来，就像今天晚上我们两个都不知道自己会不会死。如果我们都知道今天晚上会死，就都不用为明天做准备，但是我们都不确定。如果明天真的到来，我们两个是不是今天都得做准备？明天总该活得很快乐吧？我准备好了，你什么都没准备，那你明天该怎么去面对？”

他说：“你这样讲，我也觉得有点道理。”

我说：“很多事情只要一涉及宗教，有人就有抵触感，就想排斥。只要我相信下一秒钟存在，这一秒钟就要为了下一秒钟做准备；而死亡时，下一秒钟就是跟你现在的下一秒钟一样，如果你今天睡觉，明天醒不来，那就是下一辈子。下一辈子没有那么遥远，就那么一秒钟的时间而已。”

明白了任何事情都是这样一个过程，我们要做的就是要把握住今天，而不是来世。

把握住现在，在今天这个时间点上就应该为明天做好准备。今天该准备的钱财物资都要准备，心灵要快乐也要准备好。随时随刻准备面对明天，有没有明天不重要了，大家都没有损失——心境应该是这样的。

由此来看，一个人把今天努力的部分准备好，明天会不会到来、明天会不会继续当富豪，那是明天的事情。

有些事情不可能永久维持，任何一件事的每一阶段都是无常的——我们现在认为永恒的，一秒钟后它又变成过去了。这实际上就是佛教讲的“如梦如幻”，不要把过去当成现在，现在当成未来。

很多人放不下官位，放不下财富，他总认为今天的自己会持续到未来，实际上那是不可能的。就像我们都希望自己青春永驻，而我们的青春分分秒秒都在老去，一刻不停。这就是规律，青春会在无常中一直消失。

比如我们看一条河流。有人说，去年就是这条河冲走了我某某朋友，他从这里掉下去的。实际上冲走你朋友的河水早不知道流到什么地方去了，眼前看到的已经是从山上流下来的新水——因为同样是水，水的样子太像了，就把它当成去年河里的水了。我们的身体也是如此，每秒钟它都在变化。我们周遭的环境也如此，而前面跟后面一定有因果关系在连接着。

我们只要随时面对着，知道它是会改变的，不是永恒的，我们就都有能力应对。当亲朋好友面临死亡，我们很多人不甘愿这种折磨会降临到自己身上——为什么偏偏是我们家人遭难？有个人跟我讲："我造了个什么孽啊？怎么不是别人家的小孩，为什么是我的小孩往生？为什么这种事情偏偏降临到我的头上？"我说："你搞错了，像你儿子这么大的孩子全世界一天不知道死了多少个，你只不过是其中的一个。你的心态也不对，为什么降临到别人头上没有降临在你的头上你就高兴，降临到你的头上你就不高兴。如果你说'我的儿子很可怜，希望世界上所有的人都不要有这样的灾难'，这就是更好的想法。"无论是亲情友情，任何事情随着时间的无常都会永远失去，不可能永恒。

最后，就是我们最珍爱的自己的身体了。我们说要爱别人、爱社会，其实爱的还是自己。连最爱的自己都必须要放下的话，世间上其他东西就都可以放下。所以，看待死亡需要做充足的准备，因为人是孤零零地走，这时候别人承担不了我们的病痛折磨，要独自经历恐惧，唯一可以帮我们承担的是心灵的信仰和所做的善事。如果我们知道积德行善对生命轮回有帮助，那就像我们为了明天准备钱财一样，我们有足够福报，就不需要担心和恐惧死亡了。

无常随时都存在，所以人也不必为无常而执著。不论我们现在享有多少名声与财富、多少温情与快乐，无常该到来时必到来，或许顷刻之间一切就会改变。如果明白无常是这么迅速又无法避免，就要常常提醒自己：现在拥有的一切只是暂时的，我们不值得为拥有财富与权势而傲慢，也不要过度沉溺在世间的幸福与快乐中。

尊重大自然是真正的放生。

第十四章 放生

生命有平等的生存权

放生很重要，放生实际上是尊重生命，给每一个生命体以活在世界上的权利。

作为人，我们有生存的权利；不同的民族，不同的国家，不同的群体，谁都不能剥夺人生存的权利，每个人都有在国家法律保护下生存的权利，除非他犯了死罪。

人是这样，动物也是这样，也有生存的权利。恰恰是我们作为高级动物的人类，常愚昧地认为自己拥有剥夺这些动物生存的权力。

古时候，皇亲贵族们去世，会把家眷带走，跟着殉葬。无论东西方世界，有些原始部落与宗教都会杀人祭天。佛教的诞生，就是教导人要相互尊重，连其他生命体都要尊重。不管是什么的生命体，其在这个世界上努力生存的想法是一样的。为什么我们就要剥夺人家的生存权呢？

我们总用自己的角度去看问题。现在已经进入了一个文明时代，杀人是犯法的，但我们对动物的生杀大权还存在。有人认为那些猪马羊牛生下来就是让我们人吃的，完全不尊重它们。

动物也有弱肉强食，也有生物链。动物为了生存而食用别的生命体，这就是生物链。只有人类，往往不是为了生存，而是为了贪婪，今天想吃鱼，想吃虾，明天想吃牛，想吃鸡，传统能吃的都不过瘾了，又想吃蛇了，想吃蟾蜍了，野生动物都被我们抓来吃。吃到后面，不尊重动物的结果是什么呢？鼠疫、艾滋病、伊波拉病毒，到SARS，到现在的H1N1，这些都是从动物身上泛滥出来的。光是这种恐惧就造成多少人心理上的病态。所以认为果子狸出问题了，就大规模消灭果子狸，如果我们不去吃它们，不去伤害它们，这些病毒又怎么会跑到人的身上来呢？永远不从自己身上找原因。

学会尊重生命体

放生就是要让我们学会尊重生命体。

人如果要生存，不杀生是不可能的。比如我们喝水要喝开水，原因是什么？生水里有细菌嘛，要杀死细菌再喝水。但是，为了自己的生存杀生与为了自己的欲望及嗔恨去杀生是两码事。

一个国家看另一个国家不顺眼，就发动战争；看到别国有矿藏就发动战争，理由虽然是说这些国家没有人权，但是实际上是去抢人家的石油了。大规模的战争剥夺了多少无辜百姓的生命权和在这个世界的生存权！

我经常感叹：现在人们到底是怎么了？人与人彼此的不尊重已经到极致了。一个人为了抢一部手机，可以把手机的主人给砍死；为了抢劫别人的几百块几千块钱，把一家人都灭口的。这些我们在新闻上经常看到。

是什么造成了有人认为一部手机跟人的生命是同等的？是什么造成了为了把几千块钱抢走而杀人、人不值几千块的概念？有一个重要原因，就是我们长久以来道德教育的缺失。我们过度偏向人的物质追求，把物质的成功与否看作是成功标准，很多人只要能得到财富，什么都不顾。还有一个原因就是有的人因为贫穷，也有可能在迫于无奈的情况下，放松了自己的道德底线，采取了极端的行动，因此而犯下了严重的错误。这也是非常悲哀的事情。

很多人问：为什么要花十多万块钱去买鱼放生呢？前脚放到水里，后脚就有可能被捞走，还不如把这笔钱拿来让人看病。我们现在的目标不是不让人去捕鱼，这个没有办法做得到。而放生就是让人们在这个过程中学会尊重生命。况且大规模的捕捞也让很多海洋鱼类短缺和绝种了，现在很多渔民为了让一些鱼类生存，每年都放很多鱼苗到海里，为的是维持一个相对平衡的生态环境。

人对生命要尊重，就不仅仅是放生鱼那么简单了。

尊重大自然是真正的放生

佛经故事里常讲山川江河都有神灵存在，这不仅仅是对自然的尊敬，这也是对自己的崇拜。如果大自然不被破坏，住在里边的人类和其他生物才有办法好好生存下来。佛教徒提倡放生，因为大规模放生的根本目的就是要好好保护我们赖以生存的地球，不断改善我们的生存环境。

佛陀实在是太伟大了。鹿野苑，是佛陀第一次讲经说法的地方，这里目前公认是世界上第一个野生动物保护区。我们到藏传佛教的寺庙，能看到一个法轮，左右有两只鹿，那就是象征佛陀讲经说法是在鹿野苑——当时佛陀跟国王要了这块土地，建成鹿野苑，在那里禁止狩猎，就要让动物自由生存。

佛陀教育里，除了强调不杀生，也强调不破坏植物。所以，尊重大自然，才是对生命真正的放生。如果外在的环境都被破坏了，生命源泉都被破坏了，人怎么生存？我们小时候藏区有很多冰川，几亿年都不化的，随着温室效应的加剧，有些冰川现在消失了。后果是什么呢？就是水的源头越来越少了，一旦干旱人们就缺水喝了。

我们以前经常在讲，总有一天水和油同价。现在不用“有一天”了,已经来了,现在有的水,买一瓶水的钱可以买好几瓶油。

真正的放生应该先学会尊重大自然。有一次我在美国加州和一些专家对环保进行探讨研究。他们说美国环保做得是最好的，我说我看到了，你们的森林和草原的保护都非常好。我看到你们大部分的房子都是用木板盖的，却没有看到你们的森林被砍伐，我有足够的理由证明你们是从贫穷国家买来的木材，把木材重新加工后，再盖你们的房子。如果这也叫环保的话，这种环保谁都愿意做，你们只是掠夺而已。这些话我对很多日本朋友也讲过。这样的环保不是真的环保，还是大自然被破坏——地球本来是一体的，最后得到的结果都一样。

多少事实证明，如果环境没有被很好保护，包括人类在内的各种生物遭受的疾病也会越来越多，空气会越来越差，整个生物生存也将越来越困难。

减少欲望

现在很多疾病是富贵病，源于我们管不住这张贪婪的嘴，让心灵的欲望越来越膨胀。如果欲望小一点，多一点控制自己的能力，病痛就会少；人的疾病少了，需要用在药物上的资源就可以少一点；资源少用一点，需要用到的人就可以多分享一部分，就很好。

佛陀讲，放一条生命，胜过造七级浮屠，浮屠是指佛塔，佛塔在佛教里象征佛的心脏。七层楼高的佛塔，你盖一个，功德已经很无量了，但还不如救一个众生的生命。由此可见佛对众生的重视。

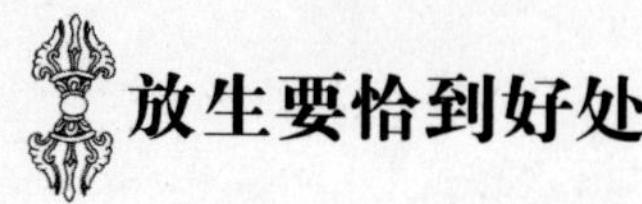

放生要恰到好处

很多时候，我们放生的目的不是放生本身，因为你放下去的，可能等会儿还会被抓出来——就像医生治好了病人，不需要去操心等会儿病人会不会被车撞死、会不会因为另外的病而死掉，医生要做的是现在把他治疗好。我们放生，只是因为一个生命现在受到威胁，我们尽力挽救它的生命，这是我们该做的事。

还要注意的是，不要让自己的放生行为给周围人带来烦恼和不便。我曾经看到，很多佛教徒花了几万块钱，买了许多海洋里的鱼，放到淡水里了，结果几十万条鱼全部死了，整个河流都发臭，搞得周边居民不安宁。这就是不经过大脑的做法。海水里的鱼不可能在淡水里生存，光是它死亡扰民了，就让很多人对你这种放生产生反感。

我在深圳还看到一个人，他从菜市场里买回一大堆毒蛇放在庙附近，到处爬。这也是很不理智的做法，虽然他的心意是好的，但是行为不可取。

2008 年汶川大地震时，我们马尔康离汶川最近，最后唯一能通的只剩下那条路时，血库缺血。藏族人没有献血的习惯，我就叫我们寺庙的喇嘛来献血。我说，平常我们说利益众生，愿意为众生奉献一切，现在不用奉献一切了，抽血就可以了，大家都去献血，这些血运到灾区能够救助人，这也是一种放生。

放生是佛教特有的活动。2009 年为什么佛教会被定为世界上最优秀的宗教，投票的都是其他宗教团体，是他们认为在所有宗教里唯有佛的思想才是包容一切的，佛的教义里有视众生如父母这样的思想。

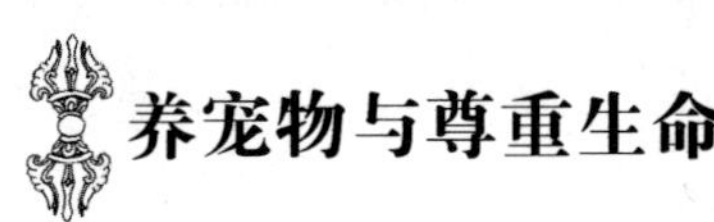

养宠物与尊重生命

人养宠物没有什么不好，实际上非常好。

现在高楼大厦把人与人之间的友情变得太冷了，通信发达，人讲是非的机会越来越多，所以人与人之间的不信任度就越来越强。以前讲是非需要找三姑六婆，现在不需要了；以前打一通电话还是很麻烦的，现在一上网全世界就都可以知道你的丑事。今天他是你的朋友，你可以把所有的心事都讲给他听；明天他变成你的仇人，就可能把你丑事都登在网上去。

人与人之间的不信任感让人变得有苦没有地方诉，寂寞不敢找人，所以他想找一个值得信赖、又愿意倾听、又不会伤害自己的对象，这个时候就只有宠物了。有信仰的当然可以找佛祖，找菩萨，找上师，没有信仰的只有找动物。这些动物带给了他安全感，忧郁、压力、心灵烦恼等，通过他对动物的爱慢慢能够释放出来。这是好事，等这些问题解决后，宠物越来越老，越来越难看，又把宠物一脚踢开的太多了，这就是不负责任、忘恩负义——他需要的时候把宠物领过来，不需要的时候又让宠物流浪街头。

养宠物很好，但要善待它。动物像人一样，也有生老病死，要养就要负责任。宠物死亡之后，要用我们的能力做好后事。可以把爱转移给另一个动物。

我们把一杯水倒入大海，这杯水就可以跟大海结合在一起；
只要大海在，这杯水就会永远存在……

第十五章 感恩与回馈

感恩，是人间最美好的情感之一。在佛教里还有一个词叫“回向”，回向就是要把自己最美好的东西全部送给其他生命。我们也可以把回向称为感恩、回馈。

人在这个世界上需要感恩的太多了，从父母把我们生到这个世界，一路长大的过程中，没有别人的陪伴，我们是什么事情都做不出来，而且也一定不能够长大成人。这些就需要我们去感恩。

人想得最多的往往是自己的事，也总是站在自己得失与否的角度来思考问题。其实，世界上很多事情之所以能有成就，都是因为有很多人付出了，连我们能吃一碗饭、喝一杯热水都是如此。

此外，我们还要懂得回馈。人因为自身的“我慢”，经常认为“我”太聪明，“我”有能力，世界上所有的财富“我”

现在拥有权利，“我”的名声都是“我”个人创造出来的。实际上，一个人做不成什么事业的。比如盖房屋需要钢筋水泥，这些钢筋水泥又要工人去组合它，程序非常多。一个老板能成为老板，就是因为有员工；他成为一个企业家，是因为有很多人帮他把产品推销出去，帮他把事业做大。

所有的成功都是由于大众的力量聚合而成就的。成功之后要懂得回馈，就像老板珍惜自己的员工一样。如果我们都能够经常对自己所拥有的一切去思考，就会懂得感恩。

如果经常想：我得来的这一切到底来自于哪里？我们的身体是来自我们的父母，所以需要对父母感恩，没有他们也没有我们现在的一切。另外，在社会上陪伴我们的那些人，对我们也是有恩的……由此可以延伸到我们要感恩所在的地区、所在的国家，甚至感恩整个宇宙。人就会珍惜我们所存在的这个地球，进而避免太多的天灾人祸；因为感恩，我们又能够健康地在这个世界上生存。

人如果懂得感恩就不会去伤害别人。人如果没有伤害别人的心，就不会受到别人的伤害，就可以快乐地生存。这种感恩的心我们把它叫做回向。所以，只是知道感恩还不够，还要懂得回报。

当我们有能力的时候，就要学会回馈。很多企业家愿意把自己的财富给别人，但是光是把财富给别人不叫回馈，最重要的是我们还要学会不去伤害跟我们相处的动物，不去破坏我们居住的环境，我们人类之间更应该彼此珍惜，不加伤害。

只有不去伤害才是真正的回馈。如果没有彼此的伤害，就不需要太多的人去付出。这就是一种回向、一种感恩。最重要的是我们要从思想上找到产生出这种行为的源头。有了念头，行为才可能发生。

很多时候我们没付出体力，这没有关系，也可以付出言语。世界上很多名人，或当和平的使者，或当环保使者，都是用语言呼吁，真正用身体去付出行动的能力是很小的。但是，只要能够呼吁，发自内心地去呼吁，回馈就渐渐真正形成了。

佛教中讲，真正的回向，也就是把自己最美好的愿望和希望送给每一个众生。回向就好比现在我们手上只有一杯水，而我们把这杯水倒入大海，这杯水就可以跟大海结合在一起。这样，我们可以自豪地对别人说“大海里有我的一杯水”，只要大海在，这杯水就会永远存在。一样的道理：我们只要把自己所做的功德回向给众生，就不会因为自己的脾气、嗔恨心燃起时把功德烧掉；就算烧起来也没关系，因为只烧了属于自己的一部分，剩下所有众生的功德，还是会成熟在我们身上。所以佛陀说：“为利益众生而成就自己。”谁为众生着想，最后成佛的就是他；众生为自己着想，所以自己堕落。

在付出当中成就了自己，佛陀就是最好的例子。他一直总是把他所得到的一切回馈给所有的众生，最后他成佛了，而我们还在轮回……

附录
智者妙音——嘎玛仁波切讲的故事

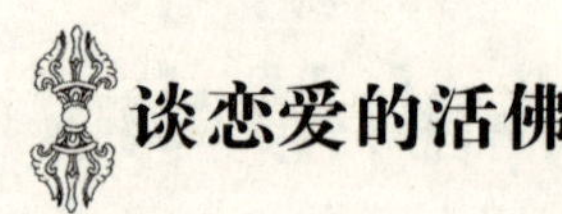

谈恋爱的活佛

有人问我：活佛你怎么不结婚啊？你没有结过婚，知道我失恋后的心情吗？知道我们应该怎么办吗？

我举个例子：酒鬼经常问人：酒这么好喝，你为什么不喝？不喜欢喝酒就是不喜欢喝酒，但是我不排斥你喝酒，也不排斥你在我旁边喝酒，这不代表我一定要喝酒。跟抽烟者一样，烟鬼一定会喜欢所有的人都抽烟，而且他很惊讶：不抽烟不喝酒，人有办法生存吗？对一个烟鬼、酒鬼来讲，不抽烟不喝酒就没有办法生存。

我再讲一个真实的故事。有个广东的男孩打电话给我，说他失恋了。他也就二十一二岁，因为他一直想自杀，我电话里劝了他很久。我叫他放下，我的意思就是说，如果你是真心爱她，她不想继续跟你相处下去，表示她觉得你不适合她，你应该是尊重她，应该奉献。我觉得你现在不放下，肯定你还是自私的，想占有别人而已。如果就像你自己讲的那样，愿意为她奉献你的生命，那你命都愿意给她，你为什么不愿意给她自由呢？就这样慢慢劝了他两个多小时，最后劝得很好，他也很满意。

之后过了两个多小时，我接到他发来的一个短信："你到底有没有谈过恋爱，你知道恋爱的滋味是什么吗？"

我回了他，说："我谈过，我天天在谈恋爱，你呢，自私得只是爱一个人，而我是爱每一个人，我每天跟不同的老老少少、男男女女谈，我用谈恋爱的心情跟每个人谈话。甚至我每天跟佛谈恋爱，而我的恋爱方式是：我有为他们无私地奉献的想法，并没有占有欲，所以我就不存在你那个问题。你所谓的谈恋爱是世间的只有占有欲的爱，所以我们两个人谈恋爱的方式不太一样。"

爸爸的遗产

有个富豪有两个小孩，大的非常乖巧听话，所以父母从来不操他的心，小的从小非常调皮，父母就经常打他。一天小儿子问妈妈："你这么不喜欢我，我是不是你儿子？"妈妈就随意地讲了一句："不是，你是捡来的。"这句话是随意说说的，然而儿子一直耿耿于怀。

有一次这家失窃，很多东西被偷，没查出来。又有一天，他们家的奔驰车被人在上面用刀乱刮，还把玻璃全部给砸了。他们就觉得莫名其妙：我们又没有得罪人，怎么经常会这样呢？他们家有个监控器，调出来一看，竟是自家小儿子干的。他们就觉得不可思议，就把小儿子叫来，问他为什么干这种事情。小儿子就说："我又不是你们家的小孩，我是捡来的。你们家被砸、被偷，活该。"我跟他聊了很长一段时间，他说，他妈妈那样讲以后，他经常拿自己的照片和父母的照片比对，越看越不像，怎么都不像，看自己既不像爸爸，也不像妈妈，更不像哥哥。实际上在很多人看来，他跟他哥哥长得很像的，他就是觉得不像。每次父母讲什么，分什么，他都觉得不公平。

砸车事件后，父母也说他，他还是这样。父母和他解释那是开玩笑的话，他还是不信。后来他爸爸死了，家里分财产，那时候他还是耿耿于怀，连爸爸的葬礼都不愿意参加，不愿意给父亲披麻戴孝。

到最后宣布分配财产，原来爸爸把一半的家产都给了他。这时候，小儿子来找我说："你能不能帮我爸念念经？"我说："你不是不喜欢你爸爸吗？"他说："我错了，我以为他一直很不喜欢我，以为自己不是他们家的亲生儿子；没想到妈妈还活着，他就把一半的财产全部留给我了……"

有些时候就是这样，只是因为听了几句话，人的疑心病就疯狂滋长。

卖水果的新加坡富豪

我的一个朋友，曾经是新加坡的一个富豪，大概有几千亿身价。在他拥有这样身价的时候，生活非常奢侈。他吃喝玩乐享受离谱到什么程度呢？他曾经跟我讲过一个故事：有一次无聊，他到酒吧里去，叫来很多酒吧小姐，让她们每个人在自己身上涂油和酒，爱涂什么都可以，然后他就把钱撒在地下，叫她们打滚，沾到身上多少，钱就归这些小姐多少。他就无聊到这个程度。

让他做善事，做好事，他坚决不肯做。他就是不爱做慈善，他觉得没意思，没有必要。他认为：我有能力赚来钱，我爱怎么花就怎么花，为什么要送人呢？

20世纪80年代，遇到了一次很大的世界性金融危机，他生意上出了一些事情，资金周转发生了严重问题。说不行，生意就像玩多米诺骨牌一样迅速崩溃了。他从一个身价亿万的富翁很快变成了穷光蛋。

那段时间他经常叫苦连天，要拿钱叫我念经了。他觉得佛菩萨有能力帮他挽救，只有佛有能力了，他让我帮他修财神。

我跟他讲：没有用了。你以前那么有钱的时候，叫你多做一点善事你不做，现在谁也帮不了你了。

实际上，他的家业是自己白手起家打拼出来的。他最早起步是开面馆。当他变成富豪，他的第一个想法就是让他太太关掉那个面馆。因为很多人都知道他是做面馆起家的，所以他不希望人家看到，觉得让别人知道他是做小生意的就很没有面子。我经常开玩笑说，这就像美国大兵要扮英国绅士一样，他就想把自己过去当小老板的历史抹掉。这就是他过度膨胀的虚荣心在作怪。但是，他太太坚决不答应，说："你做你的大生意，我做我的小面馆。"所以她一直开着小面馆。他后来在外面花天酒地，也不回家了。

等到他的企业倒闭，很多所谓有钱的好朋友都不现身了，没有人愿意借钱给他，最后他连自己住的房子都要被查封了。这个曾经辉煌一时的大富豪虽然对佛教不虔诚，但对我好过，以前常请我吃饭。我的一个弟子觉得可以帮帮，就出钱把他的房子给保留了。于是他感恩得不得了，认为还是佛弟子好。他就和我说，以前他曾经帮了那么多的人，可当他有困难，这些人全躲起来了。其实有时候他只是想打个电话，跟以前的朋友聊聊天，可人家都躲着他。

这个时候，他老婆那一直没有关张的小面馆成了他唯一的经济来源。以前他得意扬扬的时候，不屑理睬老婆，现在老婆每天指着他鼻子骂。以前那个满身豪服、满嘴霸气的大老板样现在荡然无存了，生意一亏，他头发白了，成天衣衫不整，闷在家里，整个精神都垮了。因为受了打击，才50多岁，牙齿也掉了，连补牙的心情都没有。一个大男人，每天一把鼻涕一把眼泪地诉苦。

后来我专门把他叫出来，对他说："你登过山没有？一般登山登得越高的人，在山上待的时间是最短的。但所有人都想爬到最高处，很多人都向往登珠穆朗玛峰，多少人一辈子都有个愿望，不管是商人还是学者，都想登到自己行业的顶峰，但是愿望很难实现。人生其实就是在爬山，每个人都想往上爬，管他能到哪儿、哪一个营地。你虽然现在在山谷底下，但你曾经是登到过山顶的人。你见到任何人都可以自豪地告诉他们你曾经登过喜马拉雅山的最高峰了。登过珠峰的人，他下了山，没几个人知道，而他登到顶峰时的自豪感只有他自己清楚，当他说起自己曾经登过珠峰这段历史时，那种雄心实现、壮志大展的霸气会追随他一辈子。

“你在商场上曾经是一个顶尖的商人，为什么就没脸见人了呢？难道登过珠峰顶的人，都要天天待在山上叫唤‘我在山顶啦’吗？谁都要下山的，只有下得晚和下得早的区别。你看看那些富豪，死之前不退休的也没几个。死之前不退休、跟你一样倾家荡产的也有很多。不管他多么有钱，多么有能力，最后都有进入棺材的那一天，那个时候拥有的财富、权力、家人、亲人、友情……所谓的面子就都一文不值了。我们每个人可能都希望拥有财产的所有权，少有人想过，实际上我们每一个人都只有使用权。

“你现在认为你的财产名分都没了。每一个人最后，包括自己的躯壳，只是一个使用权。因为你的灵魂都要走，连这个最舍不得的躯壳都要完了。我们认为它是我们的财产，连它都要归还，这种所有权实际上通通不是我们的，你我只不过是使用者。所以不要在乎你拥有权的问题，要在乎的是你有没有曾经使用过它，在乎过程。

“我为什么和你交往呢？就是觉得你虽然目中无人，不太懂得感恩社会，但是你把手下的员工照顾得很好。你白手起家，而且在事业上达到了最高峰，这就是你最大的成功，这是你的智慧财产，这种财产取之不尽、用之不完，为什么不好好用它，反而天天在家怨天怨地？还是要怨自己。

“为什么你那些朋友最后都离你而去了？你跟他们不是用心去交往的，你只不过是用酒杯跟他们交往的，不过是用金钱跟他们交往。如果是你用心交往的人，就像我那个做手表的弟子一样，当你有能力的时候，他根本跟你不相干；但在你没有能力的时候，他会过来帮你一把。这就是用心交的朋友。你以前交朋友，有自己本身为人处世的问题，跟别人不相干。”

后来，他干起了自己认为最快乐的事——卖水果。因为他太太卖面，他就找个车子在面馆旁边卖水果。现在卖得不错，最大的改变就是每个月还寄几千块新币（新加坡元）给我，让我帮他做善事。

他说：“现在发现，用自己的双手一点一点赚来的钱，拿去给需要帮助的人，感觉真是好。而且我天天接触的都是那些和我一样卖水果的人，跟他们聊天，不像以前那样都没有人理我。”

他现在觉得，做善事的人很快乐。

从“黑老大”到保安

台湾中部有个所谓的黑社会老大，我认识他的时候，他已经50多岁了。这个老大当时满身文身，胸部画一个美女，胳膊上两条龙，脱下衣服看着就像穿着短袖一样。

我们第一次见面是在我的一个弟子那里，他带了六七个人，非常狂。

一见面，他和我说：“哪里的？用台湾话讲。”我说：“我听不懂台湾话，你用国语。”他国语讲得不太好。

他又问：“你是哪里人？”我说：“西藏来的。”

“你西藏的，不在西藏，跑来这儿干什么？”这位老兄说。

我听他的口气属于不是可以正常对话的那种，于是就说：“来混一口饭吃。”

他看我这样讲话，就愣了一下：“你混什么的？”

我反问：“你混什么的？”

他说自己做一些普通事。他不好讲是干什么的。

他又问：“你混什么的？”

我说：“我‘混’宗教的。”

我们是从这样的谈话中开始交往的。后来慢慢就了解了，台湾黑社会有八大行业，是八种看起来层次比较低的行业。黑社会大部分是开舞厅、酒吧的，他就干这个。聊天当中，他就老说我讲话够霸气，总是说“你怎么讲话比我还霸气”。我说是习惯问题。

后来知道他是干什么的。我就跟他讲：人要有良心。闽南人说“抬头三尺有神明”，不要认为法律没有约束到你，你可以走法律的擦边球，但是不代表你就不会有报应。人的报应有的时候不是报在外面，是自己报应。

我问：“你晚上睡眠好不好啊？”他说还可以。我说：“不会吧，我看你的眼袋那么黑啊，你肯定每天晚上睡不着觉。”

那时他旁边有六七个人在，他就说“滚出去，滚出去”。那些人出去后，他就说：“你怎么知道？”我说：“那很简单嘛，你眼袋那么大，黑眼圈那么大，肯定是每天晚上熬夜不睡觉。看你脸色阴气那么重，肯定是天天提心吊胆的。”

他说现在不好混。我问为什么不好混，他说：“以前我们那个时代啊都是讲信用，道有道规。现在这些小混混，只要谁给他钱，谁就可以造反。人家给他钱，连我的命都可以要，我怎么可以睡得好啊？”

我说：“这就算报应啊！”

他说：“我们以前道上的兄弟都很讲信用的。现在这些小混混，不给他钱，他就跟你翻脸。随时可以把你干掉，你说我怎么睡得着？”

我说：“那你应该反省反省自己，谁叫你当流氓？这个社会什么事情不能做？你有手有脚，可以找一个好点的事情来做嘛，起码不要做伤天害理的事情。”

他说：“我没做啊，我从来不做伤天害理的事情，我只保护好我自己的那一份家业。”他所谓的家业，就是夜总会。

然后我就跟他讲了佛教的一些因果报应。他说“我一看就知道你是个校长”——他从小没读几年书，认为在学校里老把人家叫过来训话的就是校长。老师是讲课的，校长是骂人的。他搞不清楚什么是活佛，一窍不通，每次见到我就叫我校长。我说你好，他说校长好。一个胖嘟嘟的黑社会老大，很可爱的一个人。

这样一个人，他有一手好厨艺，很会炒菜做饭。

有一次他就跟我讲说：“你信不信我会煮菜？”我说：“看你会做什么，除了玩刀玩枪，你还会玩什么东西？”他马上说：“做给你看。”把衣服一脱，叫厨房里的厨师出来，他进去叮叮当当，没半小时就做出了一桌子饭，真的很好吃。

我说：“老大，你厉害，我小看你了，不知道你还有这个功夫……”

可能他也很少遇到我这样的人愿意跟他这样聊天。后来这位老大就经常打电话聊天，经常给我做饭吃。我发现，实际上这个人心地非常善良。就因为他从小就没有好的家庭，他爸爸妈妈教育他的方式就是打，所以他的观念就形成了，认为“打”就是交流的好方法。所以他认为自己做流氓也没有什么不好。

我说：“你要学好一点，要不然会有因果报应的。”果不其然，没过一年，他老婆生个儿子是智障。那时候他 50 多岁。到处给孩子治病，花了好多钱。每天为这个小孩烦恼，经常发愁这孩子一辈子怎么过。我说：“你看，这就是报应，一辈子做坏事的报应。你是死的那天也没办法死得瞑目，因为你死的时候他不会死，你放不下。你最多再活 30 年，这些日子，所有的辛劳，就是你这辈子所带给你的报应。”

他们很多黑道也在选台湾的官，他去帮忙选举，半路回来的时候就出车祸了。他的小弟们打电话给我说：“我们老大出车祸了，肯定活不过来了，肋骨断了 6 根，现在在医院昏迷。”

我说也没有什么办法了。他们就说大师你那边给念念经吧。我说念经肯定可以念，但那要看他的命了。他在医院昏迷了 20 多天，两个月以后出院了，又生龙活虎的了。

我去看他的时候，他一看到我就说：“怎么样，阎罗王都不敢收我啊？”

我说：“什么叫阎王不敢收你？你这种人死了没地方埋葬，你是作恶太多、死无葬身之地的那种人，阎王爷都不知道把你安插到哪儿去！”

我又说："既然阎王爷都不收你，活着的时间，你就做一些可以好好让自己睡觉的事吧。"

从那以后，他就开始听话了。他把夜总会交给人家，自己不管了。然后带了十几个人，承包了一个社区当保安，他当头头。他也不愿意上班，然后他十几个小弟就当保安。这是学有所长。他把这个社区治理得非常好，这么多年下来，从来没有人到他那个社区打架斗殴啊，没有人到这里偷东西，这个社区特别安宁。

他现在也没事，偶尔打打麻将，有的时候还到我庙里面去。后来他女婿问我："活佛，你跟他讲了什么，让他变成这个样子？"女婿觉得他变得没有用了。我说："不是啊，你搞错了，他现在才是得到了自己想要的生活，睡觉也睡得着。"

这就是反省，是真正的醒悟了。

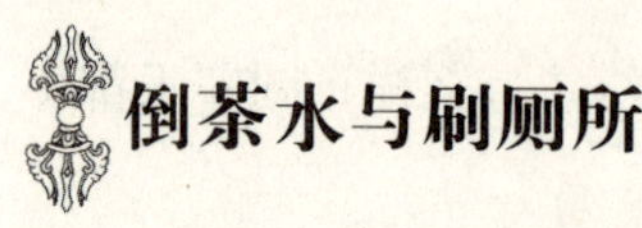

倒茶水与刷厕所

我在 1993 年出国的时候，心理上曾经有过很大的变化，对我来说就是一个比较大的转折点。出国之前我就给自己设定了目标：一是要把佛法传播到世界各地去，二是自己也想到国外多看看。一出国，才发现自己言语不行了。最大的感觉就是，本来我能说善道的，出国后人就变哑巴了，所有的沟通必须要用手语才能实现。

这时候我深切体会到，人的一生当中要经历很多次“从大人变成婴儿”，什么都要有从一言一语的表达开始学习的过程。所以后来我经常说，人不要以为自己一下子就长大了，其实一生中要经历很多次重复当婴儿的过程。所以，那时候最大的放下就是，在心里放下自己是个大人的观点。然后才能放下自己的所谓身份。因为身份只适合于在特定的地方面对某一群特定的人，才起效果；当你失去那样的特定的地方、特定的人群，你的这种身份随着他们的远离自然也就消失了。很多时候我们还就是放不下这种身份。

第一次出国是去尼泊尔，因为要赶路，我们一群人必须要跟尼泊尔贫民去挤巴士，一个本只有 20 多个位置的小巴士，里里外外要塞 100 多个人——你想想那是什么概念，里面塞四五十个人，人挤人，有好多人坐到汽车顶上把放行李的地方也占了，还有些人挤不上去就把脚卡在车上的某一个地方，用手抓住窗户站到外面，五六个人两边站着。从口岸到尼泊尔边界非常远，我当时就想：从来没有坐过这么挤的车，为什么要挤在这一群人当中？我到底在干什么？后来我们又到了印度南方的寺庙，刚到时人家也不知道你是什么身份，自己还在想：我来这里是要干什么？没过几天，我们就被安排去一个寺庙帮忙，寺庙里有一个会，有一群客人要来，让我们负责给人家倒茶。我一听，脑袋嗡一下，心想：我干吗要给人家倒茶？以前都是人家倒茶给我喝的，我堂堂一个活佛怎么能去给人家倒茶？当时还没放下自己的身份。还没有反应过来，被人家就叫上车了，然后就送到一个小寺庙。那个寺庙比我们藏区的庙小得多，来的客人类似于当地的村官。我一看就不想干，掉头就走。领我们去的人说："你们不是寺庙派来帮忙倒茶的吗？你怎么自己跑掉了？"我说："我生下来就不是给人家倒茶的，对不起，我走了。"然后我叫了一辆三轮车，就跑掉了。但是，走在半路上我就问自己："你是谁啊？你既然来到这个地方，为什么不遵从人家给的命令？你到了这个地方，人家又不认识你，毕竟人家还给你提供住的地方，给你吃的东西，为什么人家叫你做点小事你就做不了？"那会儿我就有点后悔，很想返回去倒茶。但因为语言不通，只会跟司机讲我要去的地方，不会讲如何返回去，所以就没有返回去。

第二天，我在佛学院又接到了新任务，说今天轮到你们寝室的人去扫厕所了。我们在藏区本来连一个像样的厕所都没见过，洗厕所对我们来讲就更是笑话了，闻所未闻。我脑子里又嗡的一下，心想：叫我洗厕所，是不是又在欺负我？有点受到羞辱的感觉。后来一想：不对，这边是热带，很多地方要经常保持干净才行。既然我要在这里待下去，就得学会做这些事情。想通了以后，我就跟我的喇嘛们讲："今天轮到我们洗厕所了，我们一起去。"然后我们把厕所、洗漱间擦得干干净净。

所干的这些事情和我以前在藏区时落差很大。之前在藏区的寺庙里，活佛的地位很崇高，老百姓对活佛极其虔诚，把活佛当成神来看待。等突然到了一个谁都不认识你的地方，然后让你做打杂的事情，过那种生活，刚开始我心里的"我执"还是存在的，到最后想通了，也就放下了。所以，放下，也就是想通了。

面对现实时你想通了，才不会因为现实跟你的理想产生冲突、你还停留在你的理想里而不去面对现实。从那以后我就告诉自己：你离开了自己所存在的环境，最大的问题是必须首先要认清楚你自己是谁，接着就是你接下来要怎么生存。而不是先想你要不要传教，你是不是个活佛，你是不是有一个所谓德高望重的身份……这些已经都不重要了，摆在你面前的是生活，你的生存是第一问题。

第一桶金

为了解决生存问题，还是要有点收入。当我们带来的那点钱慢慢用得差不多的时候，我就开始想该如何生存了。我看到很多中国人到印度去参观，他们也想学点藏文，学点佛法，我就给他们做翻译，他们给我一些钱。开始我是给他们做口头翻译，渐渐地也帮他们翻译一些书面资料。

我不会跟人家讨价还价，从来不会，我给他们翻译完，他们愿意给我多少就拿多少。有一次有个朋友跟我说："你翻译了一小时，为什么不跟他们讲一小时要多少钱？"我说："那就侮辱我自己了，因为我是无价之宝，他买不起。"

我还有傲气，我说他买不起我，但他可以随意地捐献给我。每次我都这样说："我可以帮你们翻译，但你们赞助我多少钱由你们自己决定。"

从帮人做一些简单的翻译开始，后来有人想学习佛法，我就开始用藏语教他们，就发现他们学藏语的速度实在太慢了。1993 年那个时候，藏传佛教的活佛们在世界各地传教时就没有几个人会讲汉语的。我有点汉语基础，因为我读过小学四年级，虽然有很长时间没有去讲了，但我认为自己把汉语捡回来的速度会比他们学藏语的速度快几百倍。于是，我就让他们在学习的时候跟我用汉语聊。我告诉他们："你们学会藏文的可能性不大，还不如我来学中文。用中文讲给你们听，你们可能学得会比较快，因为你们要学的是佛的理论，不一定是要学藏文。"

真正要用汉语教学，就遇到困难了。和人聊天，讲一些简单的汉语，我没有问题，但要正规地给别人用汉语上课，我发现自己实际上根本不会。我就找了一本《汉藏大辞典》，每天看藏文怎么写、中文怎么写。有些中文又不会念，我不会拼音，就直接把中文写在藏文下面，再想方设法把这些字连贯在一起。就这样开始，我慢慢会讲汉语了。

我教了这几个美国华侨和台湾省人一年多时间，他们走的时候，每个人给我拿了几千美元。所以，到尼泊尔一年多，我拥有了第一笔钱，价值人民币是 3 万块左右。

我从小受佛教的教育，第一个念头是：有了 3 万块我能买到一个多大的佛像可以捐给西藏的寺庙。一年半以后，当我要离开尼泊尔时我已经拥有了 11 万元。那时候我的想法就不一样了，因为从小我就想盖佛学院嘛，我就想以这笔钱作为基础，再到世界各地去募一募，然后把佛学院做起来。

那时还有一个学生说他愿意捐献给我价值差不多 10 万块人

民币的美元时，我不敢相信。1993 年时候的 10 万人民币是什么概念？从来没有听过。他说要捐献给我的时候，我还在想他会不会是在骗我。等到有一天他把支票写给我，直至拿到银行换成美元之前，我都不太敢相信。虽然我是他的老师，他从我这里也学了一年多的佛法，但当时完全没有想到，因为没有跟他谈过盖庙的事，他只是为了感谢这一年半我对他的教育。

这时候问题就来了：本来只拥有一两万的时候我还想说这个够我的生活了，拥有 3 万块的时候我就想买佛像捐回去，在拥有 10 万块的时候我的欲望就开始膨胀了，要继续赚很多的钱，因为我发现我很会赚钱，然后可以把钱用来盖佛学院。

这些就是我出国前后的变化。从刚出国的一无所有，担心自己的生活有没有着落，到后来生活有着落，到最后有了一笔钱，在这个过程里，我学会了很多，懂得了如何面对生活真正的挑战，以前没想到自己整个突然降到这么低的层次时我的应变能力还会比较强。

我为什么会很快适应呢？我后来想，是我对自己信仰的霸气从来没有降低过。为什么呢？由于我从小受佛教教育，我对佛菩萨的那种虔诚心使我深信不疑：我的命运绝对不会一直是这个样子，我很快会改变命运，照着我所想的方式去发展。

我的理想

在很小的时候，有一天我在睡觉，半梦半醒中我的眼前飘出来很多的字，是藏文，像电视字幕一样，又像跑马灯，很多字一直在我眼前跑，都是佛法，都是关注人心灵成长的句子，很多都是诗，实际上很美。我一边看着一边心想：这句我得记住，太好了……第二句又跑出来了，这句又太好了，我得记住这句……一个晚上就这样跑跑跑，最后跑出来的是什么呢？第一是“父母赐予你身体”，第二是“佛陀指引你道路”，第三是“众生给予你责任”，第四是什么呢？我当时期待第四句能给我不同的东西，结果它出现这样的字——“信心你给自己吧！”觉得这个也不错，醒来了，就只记住了这四句话。

从那以后，我的信心全部建立在自己身上，我的对错、我的原则、我的是非永远是我摸着自己的心脏时去观察的，所以我这辈子很少用“后悔”这个词。除非我没做到，那最多也就是遗憾而已。只要我做了，事情的结果也许不是很理想——虽然我们修行人不会离谱到哪儿去，但有些事情并不是你想象的那么好——也从来也不会后悔。原因是什么呢？因为你没有办法后悔，有什么可后悔的。虽然从十六七岁的时候我就有很强烈的灵感，就是我这辈子要做什么我都知道一个大纲了，也许那是佛菩萨让我早点有一点预感，但是大部分时候，我宁愿相信它就是我心中存在的一个美好愿望。

我为了达到这个愿望努力了很久。我当时看到的都是标题，还没有看到中间要付出努力的具体步骤是什么。

我十六七岁时就会讲给别人听我将来要做什么，不只是我自己心里面想而已。我会告诉他们我以后要做什么，所以闹了很多笑话。那个时候大家很穷，你想想，一个穷喇嘛穿着破烂袈裟,还经常跟人家讲说“我以后要盖一个规模宏大的佛学院，上面要用什么什么稀世珍品”，所有人听了都说：“你先把自己身上的破衣服换一下吧。”我还跟人家讲，我将来要离开中国到世界各地去传法，要到美国欧洲去讲经说法。我有一个师兄说：“你先离开这个穷山沟再说。”现在我的这些话都变成现实了，但是当时在别人听来就是天方夜谭一样的笑话。

我现在就经常跟人家讲：一个美好的愿望，就只是一本书的一个标题，没有人会告诉我们，这本书最后写出来会变成多少个字。所以，人生中有一些有经验的人有时候会和我们说一些话，也许就是这些标题的灵感，也许是佛菩萨给了我们的，也许是我们的阅历让我们有了这样的感觉、这样的理想，但是，为了实现自己的理想，要付出的努力实际上是一般人的千百倍，甚至还远远不只这些。很多人付出了却没有得到结果。我们幸运的是，我们付出了，也得到结果了，但我们付出的辛劳一定比别人更多。

这样的经历就让我真正地感觉到：修行，要在实践当中才能真修。

以前我们在藏区的那种环境，大家都恭维你，赞美你，没人会挑剔你，没人会让你去扫厕所，没人让你去倒茶，大家把你供奉在那里。当没有什么东西能够刺激你的时候，就要观察一下，你到底是不是有这样的能力。

所以，人需要有参照和刺激。我们藏传佛教有一个故事：有个人天天在那里打坐禅修。修什么？修忍辱。每天乐呵呵像弥勒佛一样，后来被公认是修忍辱修得最好的一个人。有一天，师兄去看他，二话没说就狠狠地打了他两个耳光。第一个耳光打过去时，他还没有什么反应，第二个耳光再打过去时，他就跳起来了："你为什么要打我？"师兄就说："我打你了，你不是在修忍辱吗？为什么还暴跳如雷啊？"然后，师兄又说："要修忍辱，必须两个人修。"

从这个故事中我们可以看出：如果没有人激你，在你没有遇到意外情况的情形下，修行是很简单的，因为它变成一种像理论一样的东西；理论怎么去实践，就是当有人扇你耳光的时候，问题就来了。师兄为什么说要两个人修忍辱？如果没挨打，他就认为自己修忍辱修得很好了；如果没有人打他，就考验不出他是不是真的能忍辱。

牧羊人与金元宝

拥有很多财物是不是个错误呢？不是。一个人能够拥有财物是自己的福报，但重点是要知道自己拥有多少，又可以拥有多少，或是人能用到的有多少。

这样仔细去思考，会发觉人真正需要用的财物，真的不多。如果我们有一个挡风遮雨的地方，有一辆代步的车子，重要的是一日三餐还吃得饱，其他就不是什么大问题了。可是，往往因为我们的贪婪心一直在作祟，所以老是觉得很不快乐。一旦经济能力下降，我们就觉得跟以前相比较，现在怎么这么惨！其实过去景气的时候，我们一日三餐吃得饱；现在不景气，我们照样会吃得饱饱的。

在我们现在的生存环境里，没有特殊原因，人是饿不死的。不管用什么方式生活，也可以活得好好的。就像非洲人，他们用非洲的方式可以生活，反倒是我们觉得按他们的方式根本无法生存。又比如住在城市里的人，在藏区看到我们藏民好像也没有什么可以赖以维生的，但在藏区每个人还是活得好好的。反而从藏民们的角度来看，会可怜住在城市里的人，他们会认为这些人生在那么富庶的地方，住那么高级的房子，又有冷气，又有电话，日子应该过得真不错，可心里还有那么多的痛苦。我们藏区很多牧民骑着牦牛和马，在雪山草原上到处奔波，要过夜的时候就搭个小帐篷，还是觉得很快乐。藏民们很不理解那些人到底为什么痛苦。藏民们的那种快乐来自于哪里呢？就是满足心。假如我们送一台豪华的车子给他们，说不定他们就不快乐了，因为保养很麻烦，在草原上找加油站也不大方便。所以，要让一个单纯知足的人不快乐，给他财物就可以了！

以前在西藏，有一个富商和一位高僧在聊天，看到一个牧羊人，早上快乐地唱着歌出去牧羊，晚上也唱着歌赶着羊群回来。商人就觉得很奇怪，说："我这么富有了，都唱不出歌来，他这么穷，为什么会唱得出歌来，而且还这么高兴？"高僧就说："你要不要让他不高兴、唱不出歌呢？"富商问："有什么办法吗？"高僧回答："你丢一个金元宝给他就可以了。"第二天早上，当牧羊人又唱着歌走出来，商人就丢了一个金元宝到路上。牧羊人一看到金元宝，眼睛就发亮了，捡起来之后就开始想："我今天放羊的时候可不能丢掉啊！晚上回来睡觉可不能让小偷拿去啊！"隔天他又要去放羊，不知道要将金元宝藏在哪里才好，藏在家里怕小偷，带去牧羊又怕丢，左思右想的，歌就唱不出来了，整天都在烦恼这个金元宝到底要怎么处理。后来高僧就对商人说：“看见了吧，什么是快乐，什么是痛苦，他拥有了一个元宝，就有了烦恼，有了痛苦。”

拿命换钱不值得

现在的社会，科技越来越进步，物质也越来越丰富了，而人也不仅仅是为了生存而活着，而是为了物质欲望而生活，人在生活中变成了机器，人们过的生活也变成了机器化的生活。

现在有些人每天重复做事，就是为了拥有更多的钱，可钱多了也用不了。很多时候，人们已经忘记了赚钱的真正意义，只要给他钱赚，他连晚上都可以不睡觉。

很多外国老板对我说他手下的中国员工很奇怪：“他们赚的钱已经够多了，但只要我出去旅游，他们都愿意在我不做事的时间来赚我这笔钱。”到后来就成了这样一种情况：华人员工在拼命赚钱，洋老板却在悠闲度假。华人很勤劳，最后勤劳到一脚踢走了老板，把老板的店变成了自己的店。当了老板了，他也不把自己当老板看，还是继续拼命努力赚钱。有人问他赚那么多钱干什么，他说，不为别的，就为了留给自己的儿女用。

如果把财富留给儿女用，就是害了自己的儿女。本来儿女可以用自己的双手赚取正当收入，做一个勤劳的人；如果给儿女们留了一大笔财产，他们就会好吃懒做，有可能用父母留给他们的财富做很多伤天害理的事，而且往往不懂得惜福，非常浪费，到最后，晚年大多很凄惨。

我们认识太多这种人了：第一代是很富有的人；第二代还稍微好一点，因为跟着长辈打拼过，还懂得珍惜；第三代大多是败家子，因为从小就咬着金串子长大，根本不晓得钱是从哪里来，根本不管钱是否来得容易，无节制地浪费金钱。

我曾经见过很多这样的情况。比如父母已经给孩子一辆宝马车，他还要一辆保时捷，父母不给，他就找一批人把父母用乱刀砍死——爸爸身上砍了二十多刀，妈妈身上砍了四十多刀。开始没人怀疑是他杀的，因为那种惨状一看就知道是仇杀，无论如何也不会想到是其亲身骨肉干的，所以全往仇杀方面去调查。警察到处去查死者生前有没有商业上的仇人，有没有情场上的仇人，都找遍了，查了两年根本查不出任何线索。最后是被他姐姐发现的。毕竟他做了亏心事，到了晚上睡觉他就会做噩梦，喊叫“姥姥，我不是故意的”等话。他姐姐发现弟弟有杀父母的嫌疑，告诉了警察。警察起初也是半信半疑地去讯问，最后证实，的确是他干的。

现在类似这样的人并不少，而且大多都是因为父母满足了自己的子女太多的物质欲望，却忽视了对他们的道德教育，导致了孩子人格变态。

我说这些，就是想告诉大家：我们现在要学的是让自己不变成机器，为了让生活过得更充实、更快乐，让生命活得更有价值，所以才去做这些工作，不要只为了赚钱把生命投资进去。

我讲过很多次：我们中国人最悲哀的是什么？只要有赚钱的机会就拼命努力赚钱，到55岁或60岁之前，大概把所有的命都投入赚钱。很多都是过度努力工作，结果二三十岁就发现身体全坏了，拿以前赚的钱天天买药吃。以前是花钱买名牌衣服、鞋子、车子、豪华别墅，现在是花钱买一大堆名牌药，看哪个药厂的比较好——这个药是比较高档的要几千块，那个药更高档要几万块。也买很多营养品，认为补这个补那个是为了补回健康的身体。补那个，但真得能补回来吗？你过度投资生命赚钱，等失去健康后才想用钱买回自己的命，那是不可能的。

我们往往会投入太多的生命去换取钱财，却意识不到这样做的代价有多大，这是非常危险的。

关注教育

大家都知道我喜欢到处盖学校，盖佛学院，办很多僧众教育或儿童教育等等。很多人，特别是记者，都问起我：你到底为什么要做这些事情？你是要名还是利？我告诉他们：在 18 岁左右，在名啊利啊这些方面我都得到了。不过，刚开始得到的那段时间以及在国外的时候，那种充实的生活会让人有年轻的傲慢。

去过我们寺院的人，都会看到有很多檀香木的家具，那是我的朋友们赠送的。当我使用这些家具有一段时间，我开始反省：你真的需要这些东西吗？当你生下来的时候，大家认为你是为服务别人而降生的。当你拥有好的车子、好的房子，以及拥有这些金钱的时候，你会用它们来做什么呢？

狠狠检讨一番之后，发现拥有这些东西并不是一件快乐的事。就好比，我们如果只有两件衣服时，你没有任何烦恼；当拥有三件衣服时，你就会考虑到底要穿哪一件衣服。房子多了，那你到底要住哪一间也是一大烦恼。车子也是，今天到底要开哪一辆也是一种烦恼。当然，这是针对我自己来说的。

很多人说："你很伟大啊，是不是因为佛教思想教育你这样做？成为活佛就应该这样去做？”我说：“实际上并不尽然。我的思想是充满着佛陀教育的慈悲思想，我可以很肯定地说，我的心很善良，这一点是问心无愧的，但这不代表心地善良就需要去做这些事情。”

我心地善良，我可以天天在山里面闭关，希望所有的众生都离苦得乐，天天为众生祈福，这样我也可以过得很快乐、很充实。但是，办教育就不是这样，它是一种劳心劳力，是一种牺牲奉献。这样的付出，有人不一定愿意，因为他不喜欢这样做，而我愿意。

也就是说，做任何一件善事，都是出于我自己的快乐而做。办教育就像是点燃火的一把草。当佛法几乎面临灭亡、要重新点燃的一刹那，我们正扮演着一根稻草的角色。稻草是用来干吗的呢？点燃后面的木棍或木炭，是“引燃”的作用。

记者问我时，我回答：“我是怀着很高兴的意愿办教育，做一些事，所以我快快乐乐地做每一件事情。”但实际上，有时还是会感到辛苦，能够怨天尤人吗？没办法的。但只要能感到欢喜，也就可以了。

你要好好学佛

有一次，我在澳门准备搭渡轮，看见一个妇女背着孩子，手上又拎着两大包东西，正很辛苦很吃力地下楼梯。我赶紧上前帮她拿包。等我们上船坐定后，妇女很感激地对我说：“你的心地真善良，现在像你这样热心助人的人已经很少了。太难得了，你要好好学佛的话，菩萨就会保佑你，你将来一定会有好福报的。”

我向她点头称是：“呵呵，我会的，我知道。”同时对她报以会心一笑。

一念之善

记得是 2008 年 5 月 20 日，汶川大地震灾区还是一片惨状，我与乌金喇嘛和三郎喇嘛赶往成都去采购救济品。等车行到小金的时候，远远看到一辆车撞到悬崖上，有人拼命在向我们招手。我赶忙叫乌金喇嘛减速停车，准备救人。当我们接近时才发现，原来他们冲我们招手不是要求救助，因为救护车早已来过了，也已经处理妥当了。他们挥手是要告知后面来的车：前边路上因油车翻车漏油，地上全是机油，非常危险，如果车开过去必定会滑落悬崖。

听完他们一席话，我心中不觉一震：若不是我们想停下来救人的这一善念，后果真是不堪设想。所以，平素只扫自己门前雪、只顾自己、不关心别人的人，看到此例应该有所醒悟：如果总是心存善念，喜欢帮助别人，而最后受益的，有可能不是别人，而正是自己啊！

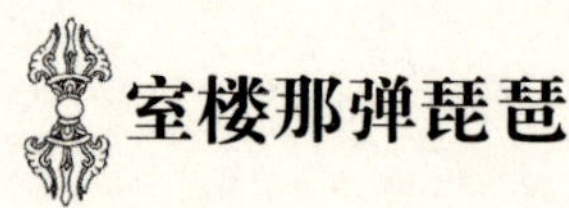

室楼那弹琵琶

刚出家的沙门室楼那想学习禅定，佛陀指示阿难来教他，可阿难无论怎么教他，他就是定不下心来。最后，阿难就带他到佛陀那儿。佛陀问："室楼那，你出家以前会不会弹弦琴啊？"他说："会，我很会弹琵琶。"佛陀又问："那你弹琵琶时，琴弦要转得很松才能弹出好听的音乐，还是要转得很紧才能弹出好听的音乐呢？”他说：“弹琵琶时，如果弦上得太松或太紧，都弹不出好音乐；要不松不紧，才能弹出好乐曲。”佛陀就向他开示：“用这样的方法来修行就对了！”

松紧适度，诸根自然得宜。在世间做任何事情都要拿捏得恰到好处，松紧适度，这样人生会比较好过一点，不会那么痛苦。工作时你太过投入，就会有过度的期待和希望得到的回馈，或者希望别人也和你一样辛苦地付出，而别人的水准和你的期望值相差太远，这样你就很容易失望。如果你不投入、太过懈怠的话，又不会有好结果。

人和人之间感情的处理也是一样。譬如两个好朋友在一起，来往太过亲密，自然彼此会要求过多，很容易受到伤害。教育小孩也是一样，你对孩子作过多要求，期望过高，当孩子达不到你所希望的标准时，你会很失望；可你不去管教他，放任他为所欲为，他又可能变坏，这也会让你很烦心。世上所有的事情要拿捏得像弹弦琴一样，不松不紧，恰到好处就对了！

后 记

人是很卑微的，无法把握和预知自己的未来。很多时候，人们把希望放在未来有可能发生、也有可能不发生的等待当中，在这个过程中让自己的生命白白浪费，甚至自己还没有感觉到。为了实现这些希望，人们付出了最宝贵的生命和青春，但是最后也不一定能得到。

所以，人的一生中最好要有一个坚定的信仰——这个信仰不仅仅是指宗教信仰，任何信仰都可以。如果你认同某一种艺术，你为了艺术奉献你的一切，在这种作为当中能够带给你无限的快乐，那当然也不错。有些舞蹈家就愿意把自己的生命投入舞蹈上，有些学者一辈子就研究他的学科，把生命投入他钟爱的事业里。这个投入，一方面要看到底有没有产生效果，让自己产生快乐；还要看对别人有没有帮助，总之一定要有价值。如果只是让自己快乐，对别人并没有产生太大效果，我认为这样的快乐容易很快就短路。只要发生一件事，就可以让他对所谓的事业产生无力感，因此而产生厌恶，快乐很快就会消失。

在为信仰而努力的过程中要有一个准则：在实现信仰的过程中得到的快乐，不是要让我们周边的人痛苦，而是应该能够给他们带来快乐，还能让快乐的影响更大一些。

如果信仰不但给自己带来了快乐，对别人也有意义，那我们的信仰就变得有意义了，我们的生命也就有价值了。来到这个世界，我们就不虚此行。

2010 年 1 月 20 日于川藏马尔康